Nicole Biarnés

Glücksorte an der Algarve

Fahr hin & werd glücklich

Dieses

Glücksbuch

ist für

Liebe Glücksuchende,

längst ist die wilde Schönheit der Felsenküste kein Geheimtipp mehr, aber beschauliche kleine Orte, an denen man die Ruhe des Landlebens genießen kann, gibt es an der Algarve noch immer. Wenn man auf einer Wanderung durch das Hinterland den Blick über die hügelige Landschaft schweifen lässt, macht das Herz vor Glück schon mal einen kleinen Hüpfer.

Aber es sind nicht immer nur die einsamen Orte, die glücklich machen. Manchmal erwartet einen das Glück auch mitten in der Stadt, beim gemeinsamen Essen einer Cataplana mit guten Freunden oder beim stillen Betrachten eines besonderen Kunstwerks.

Die Glücksorte in diesem Buch sollen Lust machen, die Algarve auch abseits der Strände zu erkunden und sich von der Region verzaubern zu lassen. Während manche das Glück beim Erklettern alter Burgen finden, macht es andere glücklich, seltene Vögel in den Wattlandschaften der Ria Formosa zu beobachten. Egal ob zu Fuß, mit dem Rad oder auf dem Wasser – Glücksorte finden sich an der Algarve wie Sand am Meer.

Ihre Nicole Biarnés

GLÜCK

Deine Glücksorte ...

... noch mehr Glück für dich

Ein Dorf am Grenzfluss

1 Der bunte Otter von Alcoutim

Gemütlich schaukeln die wenigen Boote, die in Alcoutim vor Anker liegen, auf dem Fluss. Es geht ruhig zu in der kleinen Stadt am Guadiana, der hier längst nicht mehr so breit und tief ist wie nahe der Küste. Auf der gegenüberliegenden Seite des Flusses erhebt sich das spanische Dörfchen Sanlúcar de Guadiana. Dort führt eine Seilrutsche von einem Hügel über den Grenzfluss bis nach Alcoutim. Vermutlich ist diese Zip-Line die einzige, mit der man eine Grenze überschreiten kann.

Diesseits des Flusses wacht die weiße Misericórdia-Kirche über dem Hafen von Alcoutim. Maurische Siedler waren die ersten, die sich im 8. Jahrhundert an der Flussbiegung niederließen. Von der maurischen Burg sind heute nur noch die Ruinen des Castelo Velho geblieben. Dafür erinnern drei blütenweiße Skulpturen an die jüngere Vergangenheit der Stadt, in der auch das Katz-und-Maus-Spiel zwischen Schmugglern und der Polizei zum Ausdruck kommt: Während der strenge Guardia mit scharfen Augen den Fluss überwacht, betritt an einer anderen Stelle des Hafens ein Schmuggler mit schwerem Beutel auf dem Rücken das Ufer und sieht sich vorsichtig um. Eine dritte Skulptur stellt einen Fischer dar, einen alten Mann, der, über sein Netz gebeugt, still und stumm in seine Arbeit vertieft ist.

Auffällig bunt ist ein überdimensionaler Otter, der es sich an der kurzen Hafenpromenade gemütlich gemacht hat. Schnell zieht er alle Blicke auf sich. Aus der Entfernung erinnert das riesige Tier an den blumenübersäten Hundewelpen Puppy vor dem Guggenheim Museum in Bilbao. Doch es sind keine Blumen, die der portugiesische Künstler Artur Bordalo zur Herstellung dieses niedlichen Otters verwendet hat. Bei näherem Hinsehen erkennt man, dass die Skulptur aus Plastikmüll besteht. Sie ist ein schöner und wichtiger Aufruf für unsere Wegwerfgesellschaft, denn mit der Wahl seines Materials stellt der Künstler, dessen Werke man in der ganzen Welt bewundern kann, unser exzessives Konsumverhalten infrage.

● Hafenpromenade Alcoutim, Largo da Igreja 1, 8970-066 Alcoutim
www.bordaloii.com/big-trash-animals
● ÖPNV: Bus 34, Haltestelle Alcoutim (Castelo)

Ruinen über der Bucht

2 Die verlassene Burg von Burgau

Während sich östlich von Burgau sonnenhungrige Besucherströme an den Stränden zwischen Lagos und Faro verteilen, herrscht westlich des hübschen Küstendorfes noch weitgehend Ruhe und Einsamkeit. Von hier aus kann man sowohl die wilde Natur der malerischen Felsenküste bestaunen als auch Meer und Strand genießen. Durch steile, mit Kopfstein gepflasterte Straßen bummelt man hinab ins winzige Dorfzentrum am Hafen. Wenn man sich in einer der kleinen Bars mit Aussicht aufs Meer ein eisgekühltes Getränk bestellt und dem Tanz der Wellen zusieht, stellt sich schon bald ein wohliges Glücksgefühl ein.

Doch in und um Burgau kann man auch tief in die Geschichte der Algarve eintauchen. Oberhalb der noch zu Burgau gehörenden Bucht von Boca do Rio erhebt sich auf dem höchsten Punkt des Hügels die Ruine einer alten Festungsanlage. Es sind die Mauern des Forte de Almádena oder Forte da Boca do Rio, das im 17. Jahrhundert errichtet wurde, um die Menschen vor möglichen Angriffen durch Piraten zu schützen. Ursprünglich gab es hier sogar noch eine Zugbrücke, denn die Festung war mit einem Burggraben geschützt. Rund um Burgau gab es früher noch zwei weitere Befestigungsanlagen, doch viele der Burgen wurden bei dem großen Erdbeben von 1755 zerstört, andere waren irgendwann überflüssig und wurden verlassen. Zum Glück wurde die schon vom Verfall bedrohte Festung als Gebäude öffentlichen Interesses eingestuft. Man beschloss, das alte Gemäuer irgendwann zu restaurieren. Bis es so weit ist, kann man dort oben einfach die gute Aussicht genießen, denn von den mächtigen Mauern reicht der Blick weit auf den Atlantik hinaus, von Sagres im Westen bis nach Lagos im Osten. Kein Wunder, dass die Menschen genau an dieser Stelle eine Burg errichteten.

Fährt man von hier nach Boca do Rio, in eine der letzten unbebauten Buchten dieses Küstenabschnitts hinab, kann man dort noch die Ruinen einer römischen Villa entdecken, in der Archäologen bereits eine Pökelei ausgegraben haben.

● Forte de São Luís de Almádena, zwischen Salema und Burgau, oberhalb der Praia da Boca do Rio, 8650-041 Burgau

Mutige Helden

3 Historisches Fischerboot aus Olhão

Zu Beginn des 19. Jahrhunderts eroberte Napoleon mit seinen Truppen weite Teile Europas. Als die französischen Streitkräfte auch in Portugal einfielen, floh Dom João VI, König von Portugal und Kaiser von Brasilien, in die überseeische Kolonie. Doch die Menschen an der Algarve ließen sich nicht unterkriegen. Des Nachts überfielen die Fischer von Olhão das ganz in der Nähe liegende Lager des französischen Militärs. Die Soldaten waren so überrascht, dass sie die Schlacht prompt verloren. Ermutigt von dem Erfolg in Olhão, begannen auch andere Städte wie Faro, Lagos und Loulé, sich gegen die Eindringlinge zur Wehr zu setzen. Tapfer kämpften die Männer der Algarve gegen den mächtigen Feind, bis Napoleon angesichts des unerwarteten Widerstandes der Bevölkerung seine Soldaten schließlich abziehen musste.
Um dem in Brasilien ausharrenden König die frohe Botschaft zu überbringen, machten sich 17 mutige Männer aus Olhão auf den Weg über den Atlantik. In einem traditionellen Fischerboot, einem kleinen Caíque, wagten sie die abenteuerliche Fahrt. Auf dem Atlantik mussten die Fischer schwere Stürme überstehen, ehe sie nach mehreren Wochen auf See glücklich und gesund in Brasilien an Land gingen. Voller Stolz überbrachten sie dem König am 24. September 1808 die Botschaft des erfolgreichen Widerstands gegen die Franzosen. Endlich konnte Dom João wieder nach Portugal zurückkehren. Der König war so froh über die Nachricht des Sieges gegen die Truppen Napoleons, dass er dem Städtchen Olhão einen Ehrentitel verlieh. Von nun an durfte sich der Fischerort Olhão da Restauração nennen, die Stadt, die den Frieden und die Ordnung wiederhergestellt hat.
Der 16. Juni, der Tag, an dem die Fischer die Franzosen besiegten, ist seither der offizielle Feiertag Olhãos. Ein originalgetreuer Nachbau des kleinen Bootes, mit dem die Männer über den Atlantik segelten, schaukelt im Hafenbecken. Sein Name „Bom Sucesso" erinnert an die erfolgreiche Schlacht und die gelungene Überfahrt.

- Caíque Bom Sucesso, Avenida 5 de Outubro 95 A, 8700-304 Olhão
- ÖPNV: Zug Linha do Algarve, Haltestelle Olhão, 850 Meter zu Fuß

2332 OL4
BOM SUCESSO

Quer durch die Algarve

4 Wanderung bei Barranco do Velho

Die Via Algarviana ist ein rund 300 Kilometer langer Wanderweg, der in Alcoutim beginnt und hinter Vila do Bispo endet. Als Fernwanderweg G13, wie die Via Algarviana auf internationalen Wanderkarten heißt, führt die Strecke durch Waldgebiete und kleine Dörfer, durch die Serra do Caldeirão und die Serra de Monchique. Zu Fuß lässt sich eine Landschaft viel besser und nachhaltiger kennenlernen als mit dem Auto oder der Bahn.

In Anlehnung an einen alten Pilgerweg, der in früheren Jahrhunderten zu den Überresten des heiligen Vincent ans Cabo de São Vicente führte, entstand in jüngerer Zeit die Via Algarviana. Wo genau die alte Pilgerroute verlief, weiß man heute nicht mehr. Statt einem historisch verbrieften Pfad zu folgen, legte man daher einen neuen Fernwanderweg an, der Wanderer an historisch interessante Orte bringt und durch unberührte Naturlandschaften verläuft, bis er den südwestlichsten Punkt Europas erreicht. Auf der Via Algarviana kann man nicht nur die Schönheit der Natur erleben, sondern auch in die Kultur der Algarve eintauchen. Wer 2 Wochen lang Zeit hat, um sich ganz entspannt auf diese Wanderung zu begeben, dem bieten sich jede Menge Gelegenheiten, einsam gelegene Dörfer zu ergründen und nette Menschen kennenzulernen.

TIPP

Das Restaurant A Tia Bia verwöhnt am Wegesrand mit regionaler Küche und hauseigenem Medronho.

Je nach Jahreszeit finden sich am Wegesrand blühende Mandelbäume, knospende Zistrosen oder duftender Rosmarin. Neben Korkeichen, Erdbeerbäumchen oder Johannisbrotbäumen kann man mit Glück auch Rehe, Lerchen oder Blauelstern entdecken. Selbst die Steine erzählen denen, die aufmerksam hinsehen, die Geschichte vom Zusammenstoß der Erdteile. Denn geologisch gesehen ist die Algarve Afrika viel näher als Europa.

Wer nicht gleich die ganze Strecke gehen möchte, kann sich auch kürzere Etappen oder Rundwege vornehmen, wie den in der Nähe von Barranco de Velho, der ein Stück auf der Via Algarviana verläuft. In 2 bis 3 Stunden verschafft man sich so einen guten Eindruck davon, wie es sein könnte, die gesamte Algarve zu durchwandern.

- Via Algarviana, Startpunkt der Rundwanderung nahe Restaurant A Tia Bia, 8100-159 Barranco do Velho, www.atiabia.com/en
- ÖPNV: Bus 27, 61, Haltestelle Barranco Velho (X Montes Novos)

Ein Ritter der Zukunft

5 Lagos und der geliebte König Sebastião

Inmitten konzentrischer Kreise auf einem sonnigen Platz der Altstadt erhebt sich in Lagos die Statue König Sebastians. Schon auf den ersten Blick fällt auf, dass es sich hier um eine besondere Skulptur handelt. Der Künstler João Cutileiro hat den Regenten nicht, wie sonst üblich, Respekt einflößend hoch zu Ross verewigt. Cutileiro wählte eine ganz andere Art der Darstellung. Sein Rei Sebastião wirkt weder imposant noch autoritär, weder männlich noch weiblich. Die androgyne Skulptur erinnert eher an einen Helden aus einem Zeichentrickfilm.

Sebastião regierte Portugal im 16. Jahrhundert. Sein Vater war schon vor seiner Geburt verstorben, sodass der junge Mann bereits mit 14 Jahren die Regierungsgeschäfte übernehmen musste. Er soll ein Träumer, ein Idealist gewesen sein und starb in einer aussichtslosen Schlacht. Doch die Menschen liebten den jungen König und glaubten nicht an seinen Tod. Einer Legende nach soll Sebastião eines Tages wiederkehren und dem portugiesischen Volk in großer Not beistehen. Als sich in Lagos 1973 das 400-jährige Jubiläum der Verleihung der Stadtrechte näherte, gab man aus Dankbarkeit für diese wichtige Ernennung eine Skulptur Sebastiãos in Auftrag, denn er war es, der Lagos einst diese Rechte übertragen hatte. Das Jubiläum fiel in eine Zeit des Aufbruchs. Die Diktatur des 3 Jahre zuvor verstorbenen Salazars bröckelte, die Menschen sehnten sich nach Ruhe und Frieden, die Nelkenrevolution stand kurz bevor. João Cutileiro griff diese Stimmung auf, um ein Zeichen zu setzen und etwas Neues zu schaffen. Statt den geliebten König würdevoll auf einem Pferd sitzend in Bronze zu gießen, fertigte er eine Figur aus Marmor und Kalkstein. Wie aus dem Meer entstiegen, kommt Dom Sebastião als ein Ritter der Zukunft daher. Die ungewöhnliche Skulptur war ein Symbol des Aufbruchs, für einen Neuanfang Portugals. Auch künstlerisch markiert das Werk einen Wendepunkt. Es gilt als Meilenstein der portugiesischen Kunst und veränderte die Kulturszene des Landes.

- Escultura Dom Sebastião, Praça Gil Eanes 25, 8600-100 Lagos
- ÖPNV: Bus 1, 2, Haltestelle Portas de Portugal (CTT); Zug Linha do Algarve, Haltestelle Lagos, 1 Kilometer zu Fuß

Força
PRAÇA
GIL EANNES
Alberto

Endlich eine Straße!

6 Fischereihafen Arrifana

Sobald man die Pforte der alten Ruine durchschreitet, erstreckt sich der Blick auf die raue Küste mit ihren schroffen Felsen. Von der Burg selbst ist heute nur noch ein Teil der Mauer mit dem imposanten Eingangsportal erhalten geblieben. Doch von den Überresten der alten Festung aus hat man einen tollen Blick auf die Strände Arrifanas. Die kleine Siedlung an der Küste gehört zu dem im Hinterland liegenden Städtchen Aljezur. Längst ist aus den einsam liegenden Fischerhütten ein beliebter Treffpunkt für Surfer geworden. Aus allen Teilen Europas kommen sie hierher, um auf den tosenden Wellen zu reiten. Bunte Campervans reihen sich oberhalb der Klippen aneinander.
Doch es gibt auch noch Fischer in Arrifana. Hinter den Hütten grasen ihre Ziegen, überraschend nah am Abgrund. Eine unglaublich steile Straße führt hinab in den winzigen Hafen, wo die Schiffe rhythmisch im Wasser schaukeln. Der Portinho de Pesca da Arrifana ist tatsächlich erst seit ein paar Jahrzehnten mit dem Auto zu erreichen. Die älteren Herren erinnern sich noch gut daran, wie sie hier die Kisten voll mit frisch gefangenem Fisch über eine steile Treppe nach oben tragen mussten. Damals waren die Männer noch jung, doch sie haben geschwitzt, wenn sie sich mit dem Fisch auf den Schultern dicht am Felsen entlang an den Aufstieg machten. Mühsam erklommen sie Stufe um Stufe und bahnten sich schwer beladen den Weg ins Dorf. Viele Männer verdienten sich damals mit dieser Knochenarbeit ein bisschen Geld. Sie waren glücklich, als in den 50er-Jahren eine moderne Apparatur gebaut wurde, die ihnen die Arbeit beträchtlich erleichterte. Heute erinnern nur noch ein paar übrig gebliebene Betonpfeiler an die nützliche Erfindung des Lastenzugs, denn mit dem Bau der Straße war die neue Apparatur schon wieder überflüssig und wurde bald abgebaut.
Der Hafen ist so klein, dass es keinen Platz für parkende Autos gibt. Wer vom Hafen aus einen Blick auf den Strand von Arrifana werfen möchte, muss nach wie vor zu Fuß kommen.

- Portinho de Pesca, EM1003-1, 8670-111 Arrifana
- ÖPNV: Bus 74, Haltestelle Arrifana

Der Legendenweg

7 Auf den Spuren alter Sagen durch Olhão

Lina lebt in der kleinen Stadt an der Ria Formosa und erzählt auf einem Spaziergang durch das ehemalige Fischerviertel Olhãos all die alten Sagen und Legenden, die sie schon als Kind auf dem Schoß ihrer Oma gehört hat. Die vielleicht schönste dieser alten Sagen ist die Geschichte einer nordischen Prinzessin und eines maurischen Kalifen. Die beiden hatten geheiratet und waren eigentlich glücklich. Doch eines Tages bekam die Prinzessin schreckliches Heimweh. Sie sehnte sich nach den kühlen, weißen Schneelandschaften ihrer Heimat. Weil er seine Frau so sehr liebte, dass er es nicht ertrug, sie traurig zu sehen, kam dem Kalifen eine rettende Idee. Schnell ließ er überall in seinem Reich Mandelbäume pflanzen. Als die Bäume zu knospen begannen und die Landschaft sich in ein Meer aus weißen Blüten verwandelte, zeigte er der Prinzessin die strahlende Pracht. Die fiel ihm glücklich um den Hals und erfreute sich so sehr an dem schönen Anblick, dass alles Heimweh vergessen war. Die maurischen Eroberer, die zwischen dem 8. und dem 13. Jahrhundert an der Algarve herrschten, haben tatsächlich einst die Mandel- und Orangenbäume sowie ein ausgeklügeltes Bewässerungssystem mitgebracht. Ein wahrer Kern steckt also hinter dieser Legende.

Eine andere Geschichte ist die des Riesen Arraúl. Der Sage nach soll er ein Sohn des Wächters von Atlantis gewesen sein. Als die Stadt unterging, war Arraúl einer der wenigen Überlebenden. Er wurde in Olhão an Land gespült und verliebte sich sofort in die schöne Landschaft. Um seine neue Heimat zu schützen, schuf er die Ria Formosa und die Inseln vor der Küste, sodass Olhão niemals von den Fluten überspült werden konnte. Skulpturen wie die des Atlantiden oder der verzauberten Maurin Floripe erinnern auf dem Caminho das Lendas anschaulich an die alten Sagen. Natürlich kann man auch allein durch die verwinkelten Gassen des Viertels bummeln, aber mit Lina wird der Spaziergang der Legenden zu einem aufregenden Ausflug in die Welt der Fantasie.

● Caminho das Lendas, Rua da Barreta, Largo João da Carma, 8700-304 Olhão
www.reiseleitung-portugal.com/lina-santos (deutschsprachige Reiseleitung)
● ÖPNV: Zug Linha do Algarve, Haltestelle Olhão, 1 Kilometer zu Fuß

HELVETI
SNACK BAR
O RIGOR DA C
CASA DE PASTO ALGARVE

Der Schatz der Algarve

8 Korkeiche am Museum von São Brás de Alportel

Im Innenhof des Museums von São Brás de Alportel, das als Kulturzentrum des kleinen Ortes fungiert, steht neben einem Schatten spendenden Johannisbrotbaum eine schöne alte Korkeiche. In einem Nebengebäude des Museums kann man eine Sammlung alter Werkzeuge bestaunen, die früher zur Korkgewinnung eingesetzt wurden, und bei einem kurzen Film mehr über das traditionelle Material Cortiça erfahren.

Überall an der Algarve stehen Korkeichen einzeln oder in kleinen Gruppen. Jeden Tag kommt man an diesen Bäumen vorbei, die für die Region eine so wichtige Rolle spielen. Früher lebten ganze Dörfer von der Korkproduktion, aber auch heute noch besitzen viele Familien ein paar der sehr langsam wachsenden Bäume, die sie alle paar Jahre von einem professionellen Handwerker „schälen" lassen. Nur ungefähr alle 9 Jahre kann die äußerste Korkschicht des Baumes entfernt und verkauft werden, ohne dass der Stamm dabei Schaden nimmt. So lange braucht der Baum nämlich, um sich zu regenerieren und eine neue Rinde zu bilden. Mit weißer Farbe wird nach so einer Schälung dann die Jahreszahl auf den Stamm gepinselt, damit jeder sehen kann, wann diese Frist verstrichen sein wird und eine neue Korkschicht geerntet werden darf.

Doch diese Bäume sind nicht nur für die Korkindustrie wichtig. Kork ist die äußerste Schicht der Baumrinde und dient dem Baum als ein von der Natur eingebauter Brandschutz. Während nicht einheimische, aber für die Papierindustrie sehr wichtige Eukalyptusbäume wie Zunder brennen, kann sich Feuer rund um eine Korkeiche nicht so schnell ausbreiten. Die alten Korkeichen wirken daher wie natürliche Brandschutzmauern. Leider sind natürlich auch diese Bäume nicht unzerstörbar, aber ihre dicke Korkschicht schützt den Stamm und verhindert eine schnelle, unkontrollierte Ausbreitung des Feuers. Was für ein Glück, dass diese wertvollen und schönen Bäume die Landschaft und uns Menschen schützen. Korkeichen stehen daher in Portugal unter besonderem Schutz und dürfen nicht mehr gefällt werden.

- Korkeiche am Museu do Traje, Rua Dr. José Dias Sancho 61, 8150-141 São Brás de Alportel, www.amigos-museu-sbras.pt
- ÖPNV: Bus 24, 61, 65, 90, 121, Haltestelle São Brás de Alportel (Terminal Antigo)

Ein Haus in Grün

9 La Casa Verde in Lagos

Das leuchtend grüne Gebäude auf der Praça Luís de Camões ist eigentlich keine historische Sehenswürdigkeit. Aber das Privathaus, in dem sich lange Zeit eine Papierwarenhandlung befand, ist mit seinen farbenfrohen Fliesen ein echter Hingucker. Während im unteren Teil der Casa Verde ein kleiner Laden lag, lebte die Familie in den oberen Stockwerken des großen Hauses.

Die erste Serienproduktion der Azulejos begann gegen Ende des 18., Anfang des 19. Jahrhunderts unter der Förderung des Marqués de Pombal, der nach dem großen Erdbeben von 1755 nicht nur Lissabon, sondern auch Vila Real de Santo António wiederaufbauen musste. Aufgrund der Dringlichkeit einer raschen Rekonstruktion der Hauptstadt nahm die Zahl der Fabriken, die mit modernen Maschinen in kurzer Zeit eine große Menge Fliesen produzieren konnten, schnell zu. Industriell gefertigte Azulejos waren günstiger als die von Hand hergestellten. Zu Beginn des 20. Jahrhunderts setzte man die neuen Fliesen bereits in Bahnhofsgebäuden und den modernen, überdachten Märkten ein. Schon bald verkleideten auch Hausbesitzer ihre Fassaden mit den hübsch anzusehenden, industriell gefertigten Azulejos, die sich immer mehr Menschen leisten konnten. Besonders in Küstenorten, wo Salz, Meer und Wind die Häuser angreifen, schützen die leicht zu reinigenden Fliesen das Mauerwerk.

Ursprünglich kamen die ersten Azulejos mit den maurischen Eroberern auf die Iberische Halbinsel. Bis zum 16. Jahrhundert gelangten die Fliesen jedoch vorwiegend über Spanien, wo sie im andalusisch-maurischen Stil bis heute wunderschöne Paläste schmücken, nach Portugal. Mit der Herstellung der Azulejos im eigenen Land vermischte sich der maurische Stil bald schon mit den Einflüssen aus Italien, Flandern und den nordeuropäischen Hochburgen für Keramikprodukte. So entstand ein ganz eigener portugiesischer Stil, der die bunten Fliesen nicht nur unverwechselbar, sondern auch sehr beliebt und zu einem heimlichen Wahrzeichen Portugals machte.

- Casa Verde, Praça Luís de Camões, 8600-315 Lagos
- ÖPNV: diverse Buslinien, Haltestelle Portas de Portugal (CTT); Zug Linha do Algarve, Haltestelle Lagos, 1 Kilometer zu Fuß

OBRIGADO
AND NOW?
REPAIR YOUR
MOBILE HERE

Kulinarische Schönheit

10 Schwarzer Kuchen aus Monchique

Inmitten der Berge der Serra de Monchique erstreckt sich eine kleine Stadt über mehrere Hügel. Vorbei an Skulpturen, schicken Cafeterias und einem gemütlich aussehenden Teeladen bummelt man hier bergauf und wieder bergab durch den Ort. In einer kleinen Werkstatt werden ganz spezielle Holzstühle gefertigt, die an die Sitzmöbel zu Zeiten des römischen Imperiums erinnern. Von hier ist es nicht mehr weit zu einer bei den Einheimischen sehr beliebten Konditorei, der Pasteleria Doce & Arte. Drei Tische mit Stühlen laden schon vor der Tür zu einer Kaffeepause ein. Drinnen erwartet die Kunden keine angesagte Designerdekoration, die Einrichtung ist einfach und bodenständig. Ungewöhnlich ist aber die große Auswahl verschiedener Kuchen, die sich hinter der gewölbten Glasscheibe des Tresens stapeln. Zwischen den leckeren Gebäckstücken in verschiedenen Formen und Größen, köstlichen Obst- und Cremetörtchen fällt ein kohlrabenschwarzer Kuchen besonders auf. Es ist der Bolo de Tacho, ein traditionelles Gebäck der Algarve. Erschaffen wird diese schwarze Schönheit aus Zucker, Honig, Schmalz, Eiern, Maismehl, Kaffee, Schokolade, Brandy, Fenchel, Zimt und noch ein paar anderen Zutaten. Angeblich hat in Monchique jede Familie ihr eigenes Rezept für einen Bolo de Tacho.

Die Grundlage für diesen tiefschwarzen Kuchen bestand ursprünglich nur aus wenigen Bestandteilen wie Maismehl und Schmalz. Doch im Laufe der Zeit fügte jede Familie einfach hinzu, was gerade im Hause vorhanden war. So wurden immer mehr Gewürze ergänzt, bis schließlich der heutige Bolo de Tacho entstanden war. Aber nicht nur die Farbe, auch die Konsistenz des Gebäcks ist speziell. Vollgepackt mit nahrhafter Energie enthält jeder Bissen ein ganzes Spektrum unterschiedlicher Aromen. In Monchique isst man den Kuchen traditionell am 1. Mai, dem Tag der Arbeit, wenn die Portugiesen anlässlich dieses Feiertags ein Picknick im Grünen machen. Doch in der Pasteleria findet man den Bolo de Tacho zum Glück das ganze Jahr über.

- Pastelaria Doce & Arte, Rua Calouste Gulbenkian 2 A, 8550-435 Monchique
- ÖPNV: Bus 19, 92, 94, Haltestelle Monchique (Sta. Casa da Misericórdia)

Grünes Plätzchen am Fluss

11 Glückliche Schildkröten in Tavira

Am Ufer des Flusses Gilão liegt die Praça da República. Sobald man die Ponte Romana hinter sich gelassen hat, steht man mitten in dem stufenartig angeordneten Halbrund, das wie ein modernes Amphitheater Open-Air-Sitzmöglichkeiten bietet. Wer hier eine kleine Pause einlegt und einen Augenblick Platz nimmt, dem fällt schon bald ein hübscher Pavillon ins Auge. Ungefähr auf der Hälfte der Promenade, die am Flussufer entlang zur alten Markthalle führt, hört man plötzlich Wasser plätschern. Das Geräusch kommt aus der Richtung des Pavillons, denn rund um das Bauwerk schmiegt sich ein mit Blumen und dichten Gräsern umwachsener Teich, der wie ein grünes Band ringförmig angelegt wurde.

Bleibt man stehen, um diese Insel einen Moment lang zu bestaunen, entdeckt man bald eine Schildkröte, und dann noch eine. Es sind richtig viele! Kleine und große, aufgeregt zappelnde und ganz starre Amphibien kommen zum Vorschein. Je länger man hinsieht, umso mehr Tiere erkennt man. Manche liegen stoisch wie kleine Statuen im Gras und bewegen sich nicht, andere krabbeln auf der Suche nach einem wärmenden Sonnenstrahl neugierig übereinander. Ab und zu taucht zwischen den gepanzerten Kröten auch noch ein Goldfisch auf. Wer es schafft, sich endlich von den glücklichen Tierchen loszureißen, erreicht nach ein paar Metern die Halle des Mercado da Ribeira. Die hübsche Eisenkonstruktion wurde Ende des 19. Jahrhunderts errichtet und beherbergte viele Jahrzehnte lang den Fischmarkt Taviras. Als die neue große Markthalle gebaut wurde, sollte die alte Halle eigentlich abgerissen werden. Erst im letzten Moment entschied man sich dafür, das Gebäude zu renovieren und neu zu nutzen. 1999 wurde der ehemalige Markt zu einem ganz besonderen Einkaufszentrum umgestaltet. Dort, wo die Menschen einst täglich an den Ständen Fisch und Meeresfrüchte einkauften, tummeln sich heute viele kleine Boutiquen und nette Cafés, in denen man regionale Mitbringsel kaufen oder gemütlich eine Tasse Chai trinken kann.

- Antigo Mercado do Peixe, Mercado da Ribera, Rua José Pires Padinha 60, 8800-354 Tavira
- ÖPNV: Zug Linha do Algarve, Haltestelle Tavira, 950 Meter zu Fuß

Königin der Trockenfrüchte

12

Die Mandelfabrik in Loulé

In elegantem Weiß ist das kleine Café eingerichtet, das sich „die Mandelfabrik“, Fábrica da Amêndoa, nennt. An einem Tisch in der Ecke sitzen zwei Frauen bei einer Tasse Kaffee, ins Gespräch vertieft. Die Teller vor ihnen sind leer. Kein Krümelchen haben sie übrig gelassen. Unmöglich herauszufinden, welche der vielen lecker aussehenden Kuchen und Küchlein, die hinter der Glasscheibe des langen Tresens aufgereiht sind, sie wohl bestellt hatten.

Vor vielen Jahren fand Miguel, der heutige Besitzer der Mandelfabrik, als Quereinsteiger seine Berufung. Schon seit den 70er-Jahren wurde hier gebacken, und Miguel kam jeden Tag an der süße Düfte verströmenden Backstube vorbei. Als der alte Bäckermeister sich schließlich zur Ruhe setzte, übernahm Miguel kurz entschlossen den Laden und widmete sich fortan der Kuchenproduktion. Neben seiner Frau, die ihn tatkräftig unterstützt, stehen Miguel noch drei nette, ältere Damen zur Seite, die die unwiderstehlichen Köstlichkeiten nach alten Hausrezepten zubereiten helfen. Zu den süßen Sünden, die sie hier täglich fabrizieren, gehören die Morgado da Amêndoa, kleine Suspiros oder die leckeren Folhados de Loulé. Stolz präsentiert Miguel die neusten Kreationen seiner Backstube. Mittlerweile ist er mit seiner Fábrica da Amêndoa zu einem Experten für traditionelle Kuchen aus Mandeln, Feigen und Johannisbrotmehl geworden. Natürlich gibt es auch Schokoladenkuchen und Pasteis de Nata, aber dem engagierten Kuchenbäcker ist es wichtig, dass alle Zutaten aus der näheren Umgebung kommen. Für Miguel ist die Mandel die Königin der Trockenfrüchte, denn ihr Anbau ist arbeitsintensiver als der anderer Trockenfrüchte. Deshalb ist sie auch teurer als Nüsse oder Sonnenblumenkerne. Während bei den Mandeln nur die feinen Kerne der Frucht verarbeitet werden, kann man bei der Frucht des Johannisbrotbaums fast alles verwenden. Aus den Samen werden kosmetische Produkte, und die Schote wird zu dunklem Mehl gemahlen, das als Kaffee- oder Schokoladenersatz dient.

TIPP

Gleich um die Ecke zeigt ein Museum, wie früher Trockenfrüchte geerntet wurden.

- Fábrica da Amêndoa, Rua do Matadouro 9, 8100-662 Loulé und Largo Gago Coutinho 16, 8100-201 Loulé
- ÖPNV: Bus Linha Amarela, Haltestelle Largo Dom Afonso III

Alltag an der Algarve

13 Das Heimatmuseum in Faro

Wie und wovon lebten die Männer und Frauen an der Algarve, ehe der Boom der Tourismusindustrie sonnenhungrige Besucher an die Küste schwappen ließ? Was war den Menschen wichtig? Das kleine und sehr liebevoll gemachte Heimatmuseum gibt einen Einblick in den traditionellen Alltag an der Algarve. Anschaulich stellen große Puppen typische Szenen aus dem althergebrachten Leben der Einwohner nach. Ein Esel transportiert kostbares Trinkwasser auf seinem Rücken. Männer werden beim Thunfischfang gezeigt, der in vielen Küstenorten lange eine wichtige Rolle spielte. Eine junge Frau backt Brot im Holzofen, eine ältere, schwarz gekleidete Frau betet gottesfürchtig umgeben von Heiligenbildern und einer Madonnenstatue, auf dem Fußboden neben ihrem Bett kniend.

Ältere Portugiesen erinnern sich noch gut an solche Szenen. Bis in die 70er-Jahre sah es in vielen Haushalten der Algarve so oder ähnlich aus. Einfache, schlichte Möbel, raue, harte Arbeit und ein starker Glaube, der den Menschen durch schlechte Zeiten half. Heute besuchen neben Touristen vor allem Schulklassen das kleine Heimatmuseum in Faro. Die Kinder lernen hier auf eine anschauliche Weise, wie der Alltag ihrer Eltern und Großeltern aussah.

Zu Beginn der 60er-Jahre wurde die Idee eines solchen Museums besonders von dem portugiesischen Maler Carlos Porfírio vorangetrieben, der damals bereits eifrig alte Arbeitswerkzeuge, Möbel und Haushaltsgeräte zusammentrug, die noch heute den Großteil der Sammlung ausmachen. 1962 eröffnete das Museu Regional do Algarve. Gezeigt werden neben Folklore und alten Bräuchen auch die wirtschaftlichen Aktivitäten, die die Algarve über viele Jahrhunderte prägten. Bei der umfassenden Renovierung des Museums zu Beginn der 2000er-Jahre verzichtete man auf moderne Digitalisierung und Interaktionen. Die Ausstellung bezaubert in ihrer schlichten Art eben nicht durch Technik, sondern durch ihr einfühlsames Konzept, die kulturellen Werte der Region für die kommenden Generationen zu bewahren.

- Museo Regional do Algarve, Praça da Liberdade 2, 8000-329 Faro
  www.cm-faro.pt/pt/menu/1056/museu-regional-do-algarve.aspx
- ÖPNV: Zug Linha do Algarve, Haltestelle Faro, 1 Kilometer zu Fuß

Aus Blättern wird Kunst

14 Naturgebatikte Stoffe in Loulé

Vor über 20 Jahren ließ Manoli sich in Penina, einem abgelegenen Dorf mitten in der Natur, nieder. Von ihrem kleinen, offenen Atelier aus blickt sie direkt auf einen markanten Felsen, den Rocha da Pena. In ihrer Werkstatt scheint es nicht nur so, als ob die Künstlerin die Natur selbst in ihre Arbeit einbindet, die kreative Spanierin hantiert hier tatsächlich mit den verschiedensten Naturmaterialien. Sie sät und züchtet unterschiedliche Pflanzen, wie Indigo, aus denen sie Farbstoffe gewinnt, sammelt Blätter, Baumrinden, Wurzeln und viele andere Dinge, die direkt vor ihrer Haustür wachsen. Mit diesen Materialien färbt und bedruckt sie Stoffe oder Papier. Manchmal kocht sie einen Sud aus Zwiebelschalen, dann wieder verarbeitet sie kleine und große Blätter. Manoli druckt, stempelt oder arbeitet in Batik-Technik. Egal welche Arbeitsweise sie einsetzt, immer geht es darum, der Natur Ausdruck zu verleihen. Verschiedene Pflanzenteile werden zu neuen, harmonisch verbundenen Kunstwerken kombiniert. Genau wie alles, was die Natur hervorbringt, sind auch Manolis Werke einzigartig.

Im Zentrum Loulés, direkt neben der Markthalle, betreibt Manoli gemeinsam mit befreundeten Künstlerinnen eine kleine Boutique. Dort bietet sie ihre nachhaltige Mode, mit zarten Blüten und Blättern gemusterte T-Shirts, Kleider und Hemden, zum Verkauf an. Neben bedruckten Shirts findet man dort auch Etuis und Taschen aus Filz, den Manoli aus der Wolle einheimischer Schafe selbst herstellt. Außerdem liegen in den Regalen des Ladens noch viele andere handgefertigte Produkte aus Keramik, Kork, Holz oder Metall, hübsche Andenken, Schmuck und originelle Geschenke.

Wer gern selbst mit Naturmaterialien werkeln möchte, kann sich zu einem der Workshops anmelden, bei denen Manoli zeigt, welche Farben, Formen und Strukturen es in der Landschaft um uns herum zu entdecken gibt, mit welchen Naturstoffen man Textilien färben kann, wie man Papier schöpft oder ein Insektenhotel baut.

- Boutique Colectivo 28, Rua José Fernandes Guerreiro 28, 8100-535 Loulé
www.ortizdelatorre.com
- ÖPNV: Bus Linha Azul, Haltestelle Hospital

Goldfarbene Klippen

15

Faszinierende Wanderung von Praia da Marinha

Neben dem Fishermen's Trail an der Costa Vicentina und der Via Algarviana, die quer durch die gesamte Region führt, gibt es noch viele andere Wanderstrecken an der Algarve. Eine davon ist die Ecovia, die zwischen Tavira und Olhão an der Ria Formosa entlang durch die Salinenlandschaft führt. Irgendwann soll diese Wanderstrecke, die auch als Radweg dient, bis Faro ausgebaut werden. Durch die westliche Ria Formosa bis zur Quinta-do-Lago-Brücke und weiter führen Wege wie der Ludo Trail.

Der spektakulärste Wanderweg der Algarve ist aber zweifelsohne die Route der sieben hängenden Täler. Los geht es an der Praia da Marinha, wo Tierliebhaber oberhalb des Strandes neben dem Parkplatz ein Obdachlosenhäuschen für streunende Katzen eingerichtet haben. Gleich zu Beginn der Route trifft man auf bizarre Felsformationen, die wie vor die Küste gestreut zu liegen scheinen. Auf und ab geht es zu kleinen Grotten und an spektakuläre Strände. In vielen Jahrtausenden haben Wind und Meer hier eine unglaubliche Landschaft erschaffen. Bei dem Dörfchen Benagil liegt eine besonders fotogene Grotte, in der das Licht durch eine runde Öffnung in der Decke fällt. Auf der Wanderung kommt man oberhalb dieser Öffnung an der Höhle vorbei, denn den Algar de Benagil selbst erreicht man nur per Boot oder Kajak vom Meer aus.

TIPP

Diese Wanderstrecke lohnt sich in den Wintermonaten, im Sommer wird es schnell zu voll.

An der ruhigen Praia do Vale de Centeanes ist man eigentlich schon am Ziel. Von hier aus ist es nicht mehr weit bis Algar Seco, den Felsenfenstern kurz vor Carvoeiro. Kleine Schleichwege führen hinab zu einigen der Grotten. Direkt hinter der in die Felsen gehauenen Restaurant-„Boneca Bar" führt schließlich ein hölzerner Steg bis zur Kapelle des Forte de Nossa Senhora da Encarnação, einer ehemaligen Festungsburg. Mit diesem Boardwalk endet die spektakuläre Wanderung entlang der Felsenküste auf dem Hügel vor Carvoeira. Von dort aus blickt man auf das ehemalige Fischerdörfchen und die Bucht hinab, in der sich bunte Häuschen an einem kleinen Sandstrand brav aneinanderreihen.

● Percurso dos Sete Vales Suspensos, Startpunkt am Parkplatz Praia da Marinha, Estrada da Marinha, Estrada da Caramujeira, 8400-407 Lagoa
● ÖPNV: Bus 52, 77, Haltestelle Praia da Marinha

Über den Tellerrand

16 Altes Handwerk, neues Design in Loulé

In Loulé, der heimlichen Hauptstadt des Kunsthandwerks an der Algarve, liegt in einer schmalen Straße die Boutique des Projecto Tasa. Tasa entwickelte sich 2010 aus einem Projekt heraus, das es sich zum Ziel gesetzt hatte, traditionelle Handwerksberufe vor dem Aussterben zu bewahren. Während die Generation der Großeltern noch Körbe flechten und Kupfer zu Kesseln verarbeiten konnte, sind die in vielen Jahrhunderten erworbenen Techniken und Erfahrungen in wenigen Jahrzehnten in Vergessenheit geraten. Traditionelle Handwerksberufe sind ein Stück Kulturgeschichte, denn sie verbinden die Landschaft und die Menschen, die in ihr leben. An der Algarve wurden die Fertigkeiten, aus Palmenzweigen, Kork, Lehm, Espartogras und anderen Naturprodukten nützliche Haushaltsgegenstände herzustellen, über viele Generationen hinweg weitergegeben. Dank einiger engagierter Köpfe gehen in Loulé all diese nützlichen Kenntnisse, die heute auf der Suche nach einem nachhaltigeren Lebensstil wieder von großer Bedeutung sind, nicht mehr verloren.

Zum Projekt Tasa gehören aber nicht nur Workshops und Aktivitäten, bei denen man diese traditionellen Techniken erlernen kann. In der kleinen Boutique werden handgefertigte Gegenstände verkauft, die modernes Design und alte Handwerkskunst miteinander verbinden. Da gibt es originelle Hocker und Kleiderhaken, hübsche Körbe, Tongefäße mit geflochtenem Deckel, Weinkühler, Besen, Salzstreuer, Töpfe, Schalen – die Liste an dekorativen Haushaltsgegenständen scheint endlos. Sogar alte Holz- und Bambusspielzeuge, Fahrradsattel aus Kork und fröhlich-bunte Lampenschirme haben die Künstler und Handwerker neu kreiert. An die 30 Männer und Frauen lassen sich inzwischen für das Projekt Tasa immer neue Dinge einfallen. Sie setzen dabei auf regionale Materialien wie Lehm, Holz, Kork, Weidenruten, Palmenblätter, Leinen oder Metall. Dank dieser Menschen lebt das alte Handwerk nicht nur in Loulé weiter. Ihre nachhaltigen Produkte kann man in der ganzen Welt kaufen.

- Projecto Tasa, Rua de Portugal 35 B, 8100-554 Loulé
www.projectotasa.com
- ÖPNV: Bus Linha Amarela, Haltestelle Largo Dr. Bernardo Lopes

Störche in der Altstadt

17

Das historische Faro

Von dem Platz am Hafen, der mit seinem kleinen Pavillon das grüne Herzstück Faros ausmacht, ist es nicht mehr weit zu den dicken Mauern, hinter denen sich die historische Altstadt verbirgt. Auch der von der Ria Formosa gebändigte Atlantik ist am Jardim Manuel Bivar bereits in Sicht. Die mit einer schützenden Mauer umgebene Altstadt Faros betritt man durch eines der drei mittelalterlichen Stadttore. Im Durchgang des Arco da Vila, dem prachtvollsten der drei noch existierenden Portale, die in die engen, mit Kopfstein gepflasterten Gassen führen, befindet sich die Porta Arabe. Mit ihren geschwungenen Linien ist sie an der Algarve die einzige Pforte in diesem maurischen Stil, die noch erhalten ist. Lange vor den Mauren hatten schon Phönizier und Griechen diese Küste entdeckt, doch die erste bedeutende Siedlung entstand in römischer Zeit.

An der Stelle, wo einst das römische Forum lag, erhob sich unter maurischer Herrschaft eine Moschee. Heute stehen auf dem beschaulichen, mit Orangenbäumen gesäumten Platz das Rathaus, der Bischofspalast und die Kathedrale von Faro. Doch gleich hinter dem hübschen, aber sehr ruhigen Largo da Sé eröffnet sich ein anderer kleiner Platz der Altstadt. Auf der Praça Dom Afonso sind vor den Cafés und Restaurants Tische und Stühle aufgebaut. Mit ein wenig Glück kann man von einer der Dachterrassen oder vom Turm der Kathedrale einen Blick aufs Meer genießen.

Auch Störche lieben bekanntermaßen eine gute Aussicht. Oben auf den Toren und Kirchtürmen bauen sie heute wie zu Zeiten der römischen oder maurischen Herrschaft ihre Nester. Bei Ebbe suchen die langbeinigen Vögel Futter, doch bei Flut hört man sie in luftiger Höhe fröhlich klappern. Angeblich sollen sich viele der Zugvögel den weiten Weg bis Afrika sparen. Zumindest den älteren Storchenpaaren sagt man nach, sie überwinterten inzwischen lieber an der Algarve. Den langen und gefährlichen Flug über die Meerenge und weiter bis südlich von Marokko überlassen sie den jungen Vögeln.

- Arco da Vila, Rua da Misericórdia 8, 8000-269 Faro
- ÖPNV: Zug Linha do Algarve, Haltestelle Faro, 800 Meter zu Fuß

informação turística
tourist information
EN 125 Olhão
lg. de S. Francisco

Der Natur so nah

18 Sonnenaufgang am Strand von Budens

Früh am Morgen treffen die ersten Sonnenstrahlen auf den kleinen Hügel an der Algarve. Ganz allmählich erhebt sich die Sonne aus dem Meer und lässt den Himmel in Pastellfarben leuchten. Kitschig-schön, wie Sonnenaufgänge sind, ist dieser hier nicht nur für die Augen bezaubernd. In der Casa das Furnas wird der Tagesanbruch von einer ungewohnten Stille begleitet. Nicht einmal der Wind pfeift zu dieser frühen Stunde. Dafür duftet es nach Oregano und wildem Fenchel. Nichts regt sich, während der glühende Ball am Horizont ein strahlendes Licht auf das Meer und die Küste wirft. Es ist andächtig ruhig. Nur ein paar kleine Ameisen laufen emsig über die rote Erde und tragen trockene Grashalme in ihren Bau.

Wie gut, dass die Natur in dieser einmaligen Küstenlandschaft heute geschützt ist. Im Parque Natural do Sudoeste Alentejano e Costa Vicentina dürfen keine neuen Häuser oder Hotels gebaut werden. Die Casa das Furnas stand zum Glück schon hier, bevor die Gegend zum Nationalpark erklärt wurde. In der Nachbarschaft leben Störche, Adler, Kormorane, Wanderfalken und Eulen, aber auch Luchse, Dachse und sogar Fischotter sind hier zu Hause. Die Rota Vicentina, eine beliebte Wanderstrecke der Algarve, führt direkt am Haus vorbei. Auch wenn die Casa das Furnas mit allem ausgestattet ist, was man zum Leben braucht, geht es hier oben sehr naturverbunden zu, denn auf dem Hügel gibt es weder einen Strom- noch einen Wasseranschluss. Für den notwendigen Strom sorgen ein hauseigenes Windrad und Solarpaneele auf dem Dach. Wasser wird aus Niederschlägen gewonnen und ist ein wertvolles Gut. Der Tagesablauf richtet sich nach Wind und Sonne. Wenn Gastgeber Ricardo im Holzofen auf der Terrasse frisches Brot backt, zieht ein köstlicher Duft über den ganzen Hügel. Wer das Meer nicht nur sehen, sondern auch spüren möchte, kann auf einem etwas holprigen, schmalen Pfad zu Fuß hinunter zu einem kleinen Strand laufen und sich an der Praia das Furnas in die erfrischenden Fluten des Atlantiks stürzen.

● Casa das Furnas, oberhalb der Praia das Furnas, 8650-301 Budens

Sonnenuntergang am Pool

19

Über den Dächern von Faro

Auf der Dachterrasse des im Zentrum von Faro liegenden Hotels plätschert leise das Wasser im Infinity Pool. Die Aussicht auf die sich rosa färbende Landschaft der Ria Formosa lockt die Hotelgäste zum Stelldichein, um den Tag mit diesem romantischen Anblick bei einem Glas Wein ausklingen zu lassen. Auch zum Frühstück geht es wieder hinauf aufs Dach. Wenn die Sonne im Osten ihren Tageslauf beginnt, taucht sie die Dächer von Faro in ein orange strahlendes Licht. Den Soundtrack dazu liefern die klappernden Störche, an denen es in Faro niemals mangelt. In leuchtenden Farben begleitet der Sonnenaufgang hier das Frühstück mit Kaffee, Croissant, Pastel de Nata und frischen Früchten.

Vom Hotel aus sind es nur wenige Minuten bis zu den Toren der Altstadt. Durch die Fußgängerzone geht es zum Jardim Manuel Bivar, der mit seinem kleinen Pavillon so etwas wie das Herzstück Faros darstellt. Während auf dem Arco de Vila die Storchenpaare in ihren Nestern klappern, öffnen bereits die ersten Cafés im Gassengewirr der sich kreuzenden und krümmenden Fußgängerstraßen. Vor dem Pavillon hat wie immer ein Straßenmaler seine Staffelei und diverse fertige Gemälde aufgestellt. Direkt neben ihm zeigen die Unterwasseraufnahmen eines Meeresbiologen die Schönheit der Natur vor den Toren Faros. Hinter dieser Open-Air-Ausstellung beginnt bereits das morgendliche Treiben. Über die Anker- und Fischmotive des Straßenpflasters hinweg kann man die Schiffe im Hafen Faros schaukeln sehen. In der Ferne sind auch die Muschelsammler schon bei der Arbeit.

Zurück im Hotel, das sich voll und ganz dem Thema „Algarve" gewidmet hat, geht es direkt wieder zum Lieblingsplatz auf die Terrasse. Wie schön, dass aus dem alten Gebäude ein Boutique-Hotel geworden ist, das trotz aller Modernität an die Kultur und Traditionen der Region erinnert. So kann man mitten in der belebten Fußgängerzone in Ruhe den Blick über die Dächer von Faro schweifen lassen.

- 3HB Faro, Rua Vasco da Gama 33, 8000-442 Faro, Tel. +3 51 (2 89) 24 00 00 www.3hb.com
- ÖPNV: Zug Linha do Algarve, Haltestelle Faro, 950 Meter zu Fuß

Ein Ort der Ruhe

20

Die Kapelle des Seefahrers in Raposeira

Raposeira ist angenehm authentisch und beschaulich. An der Hauptstraße, wenige Kilometer vor dem kleinen Dorf, liegt eine ganz besondere Kapelle. Die Capela de Nossa Senhora de Guadalupe gilt als älteste Kirche der Algarve. Ein schmaler Weg führt schnurgerade auf das Gotteshaus zu. Manchmal, wenn jemand in der Kapelle singt, hallt die Musik durch das offene Portal nach draußen. Dann hält man als Besucher andächtig inne und lauscht. Wie durch ein Wunder hat die Kirche das Erdbeben von 1755, das weite Teile der Algarve schwer erschütterte, überlebt. Danach stand das kleine Gotteshaus lange Zeit leer. Umherziehende Schäfer fanden mit ihren Herden Unterschlupf in dem alten Gemäuer. Erst in den 90er-Jahren erinnerte man sich an die Kapelle und begann mit der Restaurierung.

Zu Beginn des 14. Jahrhunderts hatte der Orden der Tempelritter neben Macht und Einfluss auch legendäre Reichtümer angesammelt, was den frommen Männern Neid und Missgunst einbrachte. Als König Philipp der Schöne den Orden in Frankreich zerschlug, gründete König Dinis von Portugal den Christusorden, um die verfolgten Tempelritter zu schützen und ihre Besitztümer zu bewahren. Angeblich soll die Capela de Nossa Senhora de Guadalupe von den Rittern ebendieses Ordens errichtet worden sein. Der romanisch-gotische Stil und die schlichte Schmucklosigkeit der Kapelle sprechen für diese Geschichte. Manche Leute sagen jedoch, die Kapelle sei nach der wundersamen Entdeckung der spanischen Señora de Guadalupe errichtet worden, deren Namen sie heute trägt. Fest steht, dass diese Kapelle oft von Heinrich dem Seefahrer aufgesucht wurde. Mit dem Sohn des portugiesischen Königs begann die bedeutende Epoche der portugiesischen Seefahrt. Maritime Dekoration, Kordeln an den Säulen, Pflanzen- und Tierornamente des manuelinischen Stils erinnern an eine Zeit, die von Abenteuern und neuen Welten geprägt wurde. Ein kleines Museum neben der Kapelle widmet sich der Geschichte Heinrichs des Seefahrers.

- Capela de Nossa Senhora de Guadalupe, N 125, 8650-407 Raposeira
  www.monumentosdoalgarve.pt
- ÖPNV: Bus 47, Haltestelle N. Sra. de Guadalupe, 1,5 Kilometer zu Fuß

Gesund und lecker

21 Brunch mit Kaktusfeigen in Olhão

In einer schmalen Gasse der Altstadt Olhãos liegt ein kleines Paradies für alle, die gern gesund schlemmen. Milene ist Ernährungswissenschaftlerin. Weil die meisten Restaurants entweder traditionelle portugiesische Küche oder Gerichte für ihre veganen Freunde anboten, beschloss sie eines Tages, selbst einen kleinen Laden zu eröffnen, in dem alle an einem Tisch sitzen und etwas Passendes auf der Speisekarte finden sollten. So entstand ein gemütliches Brunch- und Frühstückscafé, in dem man auch zu Mittag essen kann.

Serviert wird gesundes Essen aus frischen Zutaten der Umgebung. Hier zaubert Milene den Gästen ein glückliches Lächeln ins Gesicht, wenn sie die hübsch angerichteten, köstlichen Speisen serviert. Da schlemmt das Auge mit. In den Sommermonaten hält sie für ihre Gäste eine ganz spezielle Leckerei bereit. „Figo de Pita" bedeutet übersetzt Kaktusfeige, denn die gibt es an der Algarve reichlich. Da die süßen Früchte des Kaktus wegen der vielen Stacheln umständlich zu essen sind, werden sie hier frisch zubereitet serviert. Eine Kaktusfeigenmarmelade und sogar eine Kaktuslimonade stehen ebenso auf der Karte. Der Orangensaft wird natürlich aus Orangen der Algarve gemacht, aber auch die anderen Säfte stammen ausschließlich von lokalen Anbietern. Pfannkuchen werden mit Banane und Schoko oder auch mit Kürbis und Käse gefüllt, es gibt mehrere Sorten Hummus, angesagte Poké und Buddha Bowls, das sind die großen Schalen, in denen alle Zutaten wie auf einem Salatteller zusammenkommen, und sogar belegte Brote!

Anfangs beäugten die älteren Einheimischen das neue Lokal kritisch und bevorzugten klassische Bifanas mit Schweinefleisch statt Vollkornbrot mit frischem Käse, Walnüssen und Honig beträufelt. Als jedoch junge und ausländische Besucher völlig begeistert vom Figo de Pita waren, probierten schließlich auch immer mehr ältere Leute die moderne Küche. Mittlerweile machen sie die Hälfte der Gäste aus. Inzwischen ist das Publikum so bunt gemischt, wie das Gemüse auf den Tellern.

- Figo de Pita – Brunch & Bowls, Rua Moinho da Barreta 48, 8700-431 Olhão
- ÖPNV: Zug Linha do Algarve, Haltestelle Olhão, 850 Meter zu Fuß

Sand und Salinen

22 In Fuseta sind die Vögel glücklich

Am Strand von Fuseta stehen Badeliegen im Sand. Von dem Café aus kann man Muschelsucher bei der Arbeit beobachten. Bei Ebbe laufen sie durch das Watt und sammeln die kleinen Meeresfrüchte, die in der Ria Formosa besonders gut gedeihen. Weiter hinten steht das frisch gestrichene Gebäude der ehemaligen Seenotrettung. Ein hölzernes Häuschen auf Stelzen, das eigentlich vor ein paar Jahren wegen Einbruchgefahr abgerissen werden sollte. Meer und Salz hatten der Antiga Estação Salva-Vidas übel zugesetzt. Doch die Einheimischen kämpften für den Erhalt des Gebäudes. Zum Glück erhörte man im Rathaus den Wunsch der Bürger. Die alte Rettungsstation soll wieder instand gesetzt werden und, frisch restauriert, den Strand Fusetas zieren.
Ein älteres Pärchen hat es sich auf einer Bank gemütlich gemacht. Die beiden haben Butterbrote mitgebracht und hören portugiesische Lieder im Radio, während sie, Händchen haltend, den Blick über den Hafen und die Ria Formosa genießen. Immer wieder biegen kleine Fischerboote in den schmalen Kanal ein, der von der Ria in den Hafen führt. Die Muschelsammler waren erfolgreich und entladen ein mit prall gefüllten Säcken beladenes Boot. Weiter hinten, bei den brav in einer Reihe stehenden Fischerhütten, duftet es nach frischer Farbe. An der Mole ist ein älterer Fischer dabei, den Rumpf seines Bootes neu zu streichen. Während er pinselt, gesellt sich ein Kollege zu ihm. Statt unnötig viele Worte zu verlieren, zündet dieser sich nach einer kurzen Begrüßung eine Zigarette an und sieht dem Arbeitenden stumm beim Streichen zu.
Auf der gegenüberliegenden Seite des Hafens, hinter den Sandbänken, die nur bei Ebbe zum Vorschein kommen, erstrecken sich die Salinen Fusetas. Hier wird im Sommer Meersalz gewonnen, in den Wintermonaten stehen die Becken voller Wasser. Dann waten rosa Flamingos auf der Suche nach Futter durch die Salinen. Für Zugvögel und einheimische Wasservögel ist die Wattlandschaft, die so viele Leckerbissen für sie bereithält, ein Paradies.

- Praia da Fuseta, Avenida Professor Dr. César Oliveira, 8700-038 Fuseta
- ÖPNV: Zug Linha do Algarve, Haltestelle Fuseta-Moncarapacho, 1 Kilometer zu Fuß

Im Honighimmel

23 Der Bienenflüsterer von Almancil

Eigentlich war José Tierarzt. Er liebt große und kleine Tiere, süße und auch weniger hübsche. Doch seit vielen Jahren schon hat er sich nun den fleißigen Bienen verschrieben. Die Bauern, deren Tiere José früher betreute, überlassen ihm gern ein Stück Land, auf dem er seine Bienenstöcke aufstellen darf. Denn die Bienen sollen nicht irgendwo auf Nahrungssuche gehen, sondern ganz bestimmte Pflanzen besuchen, die auch noch frei von Pestiziden sein müssen. In 700 Bienenstöcken, die er über die ganze Algarve verteilt, sammeln die Tierchen Blütenstaub, aus dem später der leckere Honig wird.

In seiner kleinen Werkstatt in der Nähe von Almancil füllt José den Honig in Gläser, bespannt alte Bienenwaben mit neuen Seiten und fertigt aus altem Wachs, das auch andere Imker ihm bringen, neue, saubere Wachsplatten für die Bienenstöcke. So hilft er den Bienen als Entschädigung dafür, dass er ihnen später den Honig abnimmt, ein bisschen bei ihrem eifrigen Tun. Auf dem Hof fliegen nur ein paar der nützlichen Insekten herum, denn die meisten sind auf den Feldern und Wiesen der Algarve unterwegs. Hier erklärt José den Besuchern seine Arbeit und zeigt, wie der Honig gemacht wird. Der schönste Moment des Besuchs bei einem Imker ist natürlich der Augenblick, in dem man den Honig probieren darf. Wenn der Löffel in die zähflüssig goldene Masse eintaucht, schweben Feinschmecker im siebten Himmel. Es gibt Honig, der nach Orangenblüten schmeckt, einen, der nach Rosmarin duftet, und viele spezielle Sorten aus den typischen Pflanzen der Algarve.

Organisiert werden die Besuche bei Imker José von Diana, die den Ausflug mit einer Wanderung und einem Picknick in ein süßes Honig-Erlebnis verwandelt. Ein Teil des Preises, den man für diese Aktivität zahlt, kommt lokalen Vereinigungen der Handwerker zugute, damit die Menschen der Algarve auch in Zukunft von ihrer traditionellen Arbeit leben können, althergebrachte Berufe erhalten bleiben und überliefertes Wissen nicht verloren geht.

TIPP

Ganz in der Nähe liegt die mit blauen Fliesen geschmückte Igreja de São Lourenço von Almancil.

- Tour Honey & Mountains, 8135-032 Almancil, Tel. +351 (911) 87 40 73 www.pt4u.pt/tours/honey-mountains
- ÖPNV: Bus 2, 9, 66, Haltestelle São João da Venda (Além)

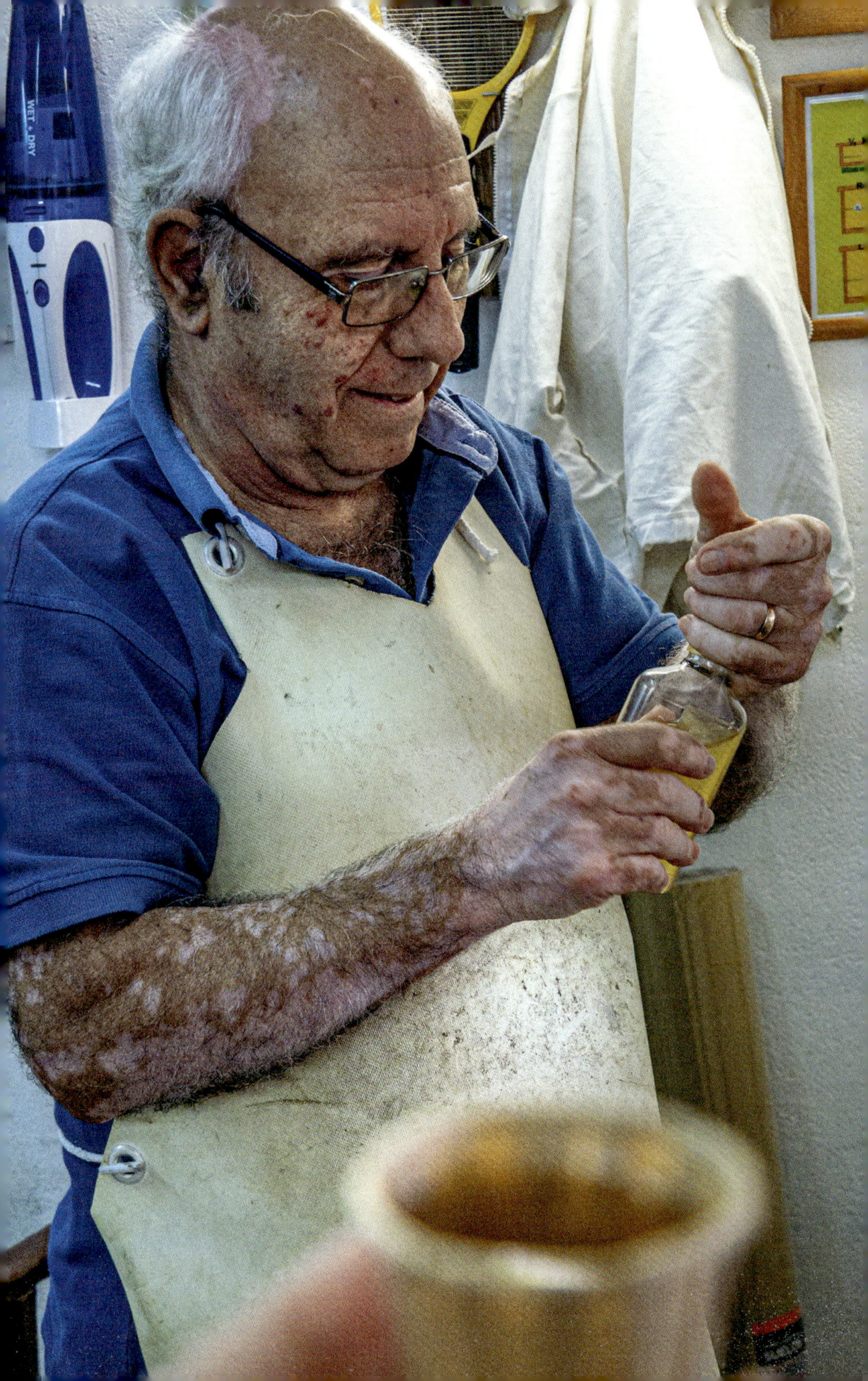
WET + DRY

Auf dem Wasserturm

24 Camera obscura – das Auge von Tavira

1931 waren die Bewohner Taviras besonders glücklich – dank des neu errichteten Wasserturms wurde die Stadt mit ausreichend sauberem Trinkwasser versorgt. Der Bau des Turms auf dem Alto de Santa Maria, dem höchsten Punkt Taviras, war eine technische Glanzleistung. Erstmals hatten die Menschen in ihren Häusern fließendes Wasser. Doch mit der Schaffung zahlreicher Staudämme in den 60er- und 70er-Jahren wurden die Wassertürme bald schon überflüssig. Die Torre stand eine Zeit lang leer und drohte zu verkommen. Im Rathaus beschloss man in den 90er-Jahren, das hässlich gewordene und weithin sichtbare Bauwerk abzureißen. Doch die Menschen in Tavira wollten ihren Wasserturm behalten und setzten sich bei einer Volksabstimmung für dessen Erhalt ein. Nun galt es nur noch, eine gute Idee für die neue Nutzung zu finden. Man entschied sich dafür, den Turm in eine Camera obscura zu verwandeln und den Besuchern eine ungewöhnliche Aussicht auf die Stadt zu ermöglichen.
Clive Jackson ist der „Erfinder", die treibende Kraft und Manager des Camera-obscura-Projekts. Ursprünglich aus England stammend, hat er sich vor vielen Jahren in Tavira niedergelassen und erzählt den Gästen mehrsprachig und sehr unterhaltsam die Geschichten der Kirchen, Burgen und Brücken, die vom Turm aus zu sehen sind. Natürlich erfährt man hier auch, wie eine Camera obscura funktioniert. Im Grunde genommen handelt es sich schlicht um einen abgedunkelten Raum mit einem kleinen Loch in der Wand, durch das Licht einfällt. Gegenüber der Licht spendenden Öffnung befindet sich eine Leinwand, hier im Turm ist es eine Art Tisch, auf der plötzlich ein exaktes Abbild der Außenwelt klar und deutlich zu sehen ist. Man steht quasi mittendrin im Vorfahren des ersten Fotoapparates. Durch Drehen des Spiegels und Bewegung des Tisches kann man das Geschehen rund um den Wasserturm live und in Farbe verfolgen. In rund 100 Metern Höhe bietet das Tavira Eye einen wirklich außergewöhnlichen Blick auf die Stadt.

- Camera obscura, Calçada da Galeria 12, 8800-306 Tavira
  www.cameraobscuratavira.com
- ÖPNV: Zug Linha do Algarve, Haltestelle Tavira, 900 Meter zu Fuß

CAMERA
OBSCURA

Glückliche Heimfahrt

25 Das Leuchtfeuer der Ilha da Culatra

Auf einer der kleinen Inseln vor der Küste der Algarve steht ein Leuchtturm. Der Farol do Cabo de Santa Maria erhebt sich genau genommen auf der Insel Culatra, aber die Einheimischen nennen den Teil der Lagune mit dem 35 Meter hohen Leuchtfeuer „La Ilha do Farol", die Insel des Leuchtturms, als wäre es ein eigenständiges Eiland.

Bis heute sind in Portugal die meisten Leuchttürme noch bewohnt. Auch in de Ria Formosa leben zwei Leuchtturmwärter mit ihren Familien zu Füßen des Farols, zwei weitere Kollegen pendeln und kehren nach der Schicht zurück aufs Festland. Tag für Tag müssen sie über 200 Stufen hinaufsteigen, um dort oben nach dem Rechten zu sehen. Auch wenn natürlich längst alles automatisch läuft und die Leuchtfeuer elektronisch gesteuert werden, gibt es immer etwas zu reparieren oder zu warten. Schließlich muss jederzeit sichergestellt sein, dass die Schiffe auf See auch im schlimmsten Sturm den Weg nach Hause finden.

Gebaut wurde der Farol in der Ria Formosa 1851, damals noch 12 Meter kürzer als heute. Seit 1922 misst der Leuchtturm stolze 47 Meter. Damit das Leuchtfeuer weithin für die Schiffe sichtbar ist, muss ein Turm auf Höhe des Meeresspiegels höher sein als ein Turm, der auf Felsen oder Klippen errichtet wird. Seit 1949 ist der Farol am Cabo Santa Maria elektrifiziert. In luftiger Höhe befindet sich die sauber geputzte Fresnellinse, die den ganz speziellen Code dieses Leuchtfeuers versendet: Viermal lang blinkt das Licht in der Ria Formosa in dunklen Nächten aufs Meer hinaus, um kleine oder in Not geratene Schiffe in den sicheren Hafen zu leiten.

Die Aussicht lohnt die Mühe des Aufstiegs, denn die Männer müssen von dort weite Teile der Uferlinie der südlichen Küste Portugals im Blick haben. Die Entfernung, in der das Licht des Farols der Ilha Culatra zu sehen ist, die sogenannte Nenntragweite des Leuchtfeuers, beträgt 25 Seemeilen, das sind rund 46 Kilometer. Welch ein Glück, dass es Leuchttürme gibt, die auch in schwierigen Zeiten den richtigen Weg zeigen.

- Farol do Cabo de Santa Maria, Rua das Flores 119, 8000-554 Faro
- ÖPNV: Fähre ab Olhão, www.olhaocubista.pt/horariobarcos.htm

Süße Versuchung

26 Berliner Pfannkuchen in Moncarapacho

Welch ungewohntes Angebot: Berliner Pfannkuchen an der Algarve! Doch die fett gebackenen Kuchen sind der Hit an den Stränden Fusetas. Seit Jahren schon lässt Bäcker Carlos sie dort sehr erfolgreich an die Strandbesucher verkaufen. Einen Laden gibt es mittlerweile auch. Direkt an der N 125, der Lebensader der Algarve, hat Carlos eine kleine Pasteleria eröffnet. Die Einheimischen sind so verrückt nach seinen Bolas de Berlím, dass sich vor dem Café regelmäßig lange Schlangen bilden. Wer hier allerdings einen normalen Berliner erwartet, wie man ihn in Frankfurt oder Köln finden würde, wird überrascht sein. Denn Bäcker Carlos interpretiert die Krapfen-Pfannkuchen auf portugiesische Art und hat dabei eine ganz neue Kreation geschaffen. Statt die Füllung in dezenter Menge einzuspritzen, werden die Berliner hier quer aufgeschnitten und mit einer großen Portion der jeweiligen Füllung versehen. Statt Marmelade gibt es neben der klassischen Crema de Pasteleiro, die ganz ähnlich schmeckt wie die Füllung der Pasteis de Nata, auch Schokolade, Haselnuss, Zitrone, Kiwi, Erdbeere oder weiße Schokolade. Derzeit sind elf verschiedene Füllungen im Angebot, und Carlos erfindet immer neue Sorten, mit denen er seine Kundschaft beglückt. Die prallen Kuchen sind so beliebt, dass sie es im Marieta's nicht einmal in die Auslage schaffen. Frisch aus der Küche wandern sie über die Verkaufstheke. Die Produktion scheint nie stillzustehen. Im Winter liegt der Verkauf bei rund 70 Berlinern pro Tag, im Sommer verlassen sogar stolze 12.000 dieser Pfannkuchen täglich die Backstube. Kein Wunder, dass Carlos in der Hochsaison oft nur wenige Stunden Schlaf bekommt, denn noch immer steht der Chef selbst in der Bäckerei. Ganz ohne seine Mitarbeiter wäre es nicht mehr möglich, die Versorgung der Algarve mit gefüllten Pfannkuchen sicherzustellen. Und dabei sind die Hauptabnehmer bisher fast ausschließlich portugiesische Kunden. Ausländische Urlauber haben die Bolinhas de Berlím noch gar nicht entdeckt.

- Marieta's Café, N 125, 8700-067 Moncarapacho
- ÖPNV: Bus 62, 66, 67, Haltestelle Bias do Sul (Monte Pardal)

Das Glück der Templer

27 Die Burgruinen von Castro Marim

Weiße Hügel glitzernder Salzkristalle türmen sich in einer endlos scheinenden Sumpflandschaft. Rosa Flamingos suchen in den Weiten des Feuchtgebiets nach Futter. Mitten in dieser Naturlandschaft erheben sich die massiven Mauern einer wehrhaften Burg. Errichtet wurde sie in einer Zeit, als der niedrige Hügel noch vom Meer umgeben war, denn von hier aus beherrschten die Mauren viele Jahrhunderte lang die Umgebung. Noch heute sind die Ruinen der Burg schon von Weitem zu sehen. Wer sich dem kleinen Castro Marim nähert, trifft am Ortseingang auf die riesige Skulptur eines Ritters hoch zu Pferde. Hinter ihm wehen weiße Flaggen mit rotem Kreuz an der Festungsmauer auf dem Hügel.

Als der französische König Philipp IV. den Orden der Tempelritter 1307 zerschlug und die Templer verfolgen ließ, fanden die Männer in Portugal Zuflucht. Im Gegensatz zu Philipp dem Schönen war der portugiesische Herrscher nicht an der Zerschlagung des mächtigen Ordens interessiert. Viele der ehemaligen Tempelritter kamen in dem neu gegründeten Christusorden unter. In Castro Marim waren die Rittermönche in Sicherheit. Sie bauten die alte maurische Burg aus und richteten ihr neues Hauptquartier ein. Erst als der Orden 1356 nach Tomar umzog, wurde es wieder still in Castro Marim.

TIPP
In der ehemaligen Markthalle Castro Marims kann man am Infopoint auch Salz lokaler Anbieter kaufen.

Der Ausbau der maurischen Burg zu einer mächtigen Befestigungsanlage geht auf König Alfons III. zurück. Nachdem christliche Truppen im 13. Jahrhundert die Mauren vertrieben hatten, übernahmen schon bald die Ritter des Christusordens die Festung. Der Weg hinauf zur Burg ist steil. Durch ein altes Tor geht es in den kopfsteingepflasterten Innenhof der alten Anlage. Im ältesten Teil der Burganlage, der wahrscheinlich noch unter maurischer Herrschaft errichtet wurde, ist heute ein kleines archäologisches Museum zu finden. Hölzerne Unterstände schmiegen sich an die steinernen Außenmauern. Wie die glücklich geretteten Ritter damals kann man auch heute noch von der Burgmauer aus den Blick weit über die gesamte Ebene schweifen lassen.

- Castelo da Vila de Castro Marim, Travessa do Castelo 3, 8950-122 Castro Marim
- ÖPNV: Bus 1, 32, 34, 73, 119, Haltestelle Castro Marim (Finanças)

RO DA ORDEM

Das Glück der Einsamkeit

28 Ein Restaurant auf der Ilha Deserta

Ilha Deserta, einsame Insel, heißt das 7 Kilometer lange Eiland zwischen der Ilha da Culatra und der llha de Faro. Im Gegensatz zu den benachbarten Inseln, auf denen kleine Siedlungen zu finden sind, lebt hier seit Jahren niemand mehr. Auf diese Insel kommen die Menschen meist nicht zum Baden, sondern um die Tiere und Pflanzen der besonderen Naturlandschaft zu bewundern. Zwischen den mit flachen Sträuchern und Gräsern bewachsenen Sanddünen nisten viele geschützte Vögel. In der Ria Formosa sind zahlreiche Möwen- und Reiherarten, Basstölpel und Austernfischer zu Hause. Wenn man Glück hat, lässt sich auch mal eine Rohrweihe, eine Haubenlerche oder ein Schwarzkehlchen zwischen all den Seevögeln blicken.
In den 70er-Jahren, noch ehe die Ria zum Naturschutzgebiet erklärt wurde, standen auch auf der einsamen Insel kleine Ferienhäuser. Doch um der Flora und Fauna einen Rückzugsort einzuräumen, an dem das sensible Gleichgewicht der Natur nicht gestört werden darf, riss man die Häuser ein. Das einzige Gebäude, das danach noch errichtet werden durfte, ist das Restaurant Estaminé. Komplett aus Holz gebaut und 100 Prozent autark, was Energie und Wasserverbrauch betrifft, entstand 1986 das hübsche Gebäude auf Stelzen mit Duschen, Toiletten und einem Café-Restaurant-Betrieb für Tagesbesucher. Seinen Strom gewinnt das Estaminé aus Sonnenenergie, und spezielle Wasserfilter machen das Meerwasser trinkbar. Auch die Abwässer werden im Rahmen eines ausgeklügelten Versorgungskreislaufs umweltschonend kompostiert.
Eines Nachts brannte das Estaminé bis auf ein Häufchen Asche nieder. Nichts blieb von dem hölzernen Gebäude übrig. Doch zum Glück gaben Isabel und Zé, die engagierten Betreiber des nachhaltigen Restaurants, nicht auf. Sie begannen noch einmal von vorn und rekonstruierten ihren Traum eines ökologisch verträglichen Restaurants. Seit Ende 2021 können die Gäste im neuen Estaminé köstliche Gerichte der Algarve bei einem unglaublichen Blick über die Insel und das Meer genießen.

- Restaurante Estaminé, 8005-554 Ilha Deserta
  www.ilhadeserta.com/estamine-restaurant
- ÖPNV: Fähre ab Faro, www.cm-faro.pt/421/barcos-para-as-ilhas.aspx

ESTAMINE

Alicias Schatzkammer

29 Ein winziges Museum in Penina

Vor der schmalen Tür des Museums sitzt eine ältere Dame und flicht geschickt die jungen Palmenzweige in ihren Händen. Alicia freut sich sehr über Besuch und zeigt stolz ihre umfangreiche Sammlung alter Werkzeuge und Haushaltsgegenstände. Der Raum ist gerade mal 1 Meter breit und zieht sich wie ein dünner Schlauch nach hinten. An den Seiten gibt es kleine Nischen, die früher vermutlich als Stall gedient haben. In einer dieser Nischen zeigt Alicia, wie die meisten Familien an der Algarve früher geheizt und gekocht haben. Hinter einer hölzernen Klappe kommt sogar ein Backofen zum Vorschein, der angeblich noch funktioniert.

An den Wänden hängen große und kleine Körbe für unterschiedliche Aufgaben. Daneben Seile, Stöcke, Schalen und Töpfe aus Kupfer und Keramik. Sogar einen Brennofen für den Medronho, den traditionellen Schnaps der Algarve, der aus den Früchten des Erbeerbäumchens gewonnen wird, hat sie in ihrer Museumsküche. In einer der zahlreichen Nischen befindet sich ein kleiner Altar, wie er früher vermutlich in jedem Haushalt zu finden war. Liebevoll mit Marienstatuen, Heiligenfiguren und Kerzen dekoriert, ist dieser Ort der stillen Andacht hier hinter der Nähmaschine aufgebaut. In einer anderen Ecke steht ein alter Waschtisch, der früher als mobiles Badezimmer gedient haben muss. Fein bestickte Decken hängen neben einer Spindel zum Verarbeiten der Wolle. Hinter der Tür liegt ein Mühlstein verborgen, mit dem Alicias Familie vor langer Zeit Getreide zu Mehl verarbeitet hat. Im Eingang des Minimuseums liegen ein paar hübsche Sterne aus Mandeln und Feigen zum Verkauf. Diese traditionellen Süßigkeiten bereitet Alicia vor, wenn sie gerade nicht mit dem Flechten der Palmenblätter beschäftigt ist.

Irgendetwas hat sie immer zu tun, denn ihre Hände können nicht ruhen. So klein das Museum auch ist, es vermittelt einen authentischen Eindruck vom Alltag früherer Zeiten, und Alicia strahlt vor Glück, wenn Besuchern ihre Ausstellung gefällt.

- Museo Alicia, Rua de Espanha 8, 8100-364 Penina
- ÖPNV: Bus 83, Haltestelle Penina (Povo)

Em Cristo
Rei
rezei
por ti
fatima

Süßes Glück in den Bergen

30

Monchiques Klosterliköre

Die Rua do Porto Fundo ist eine steil ansteigende Straße, in deren Mitte Stufen den Weg nach oben erleichtern. Rechts und links liegen kleine Boutiquen wie der Laden, in dem Cristina ihre selbst gemachten Liköre verkauft. In Monchique, der Hauptstadt der Medronho-Schnäpse, sind süße Liköre eher ungewöhnlich. Doch Cristina greift auf eine alte Tradition zurück, denn schon im 17. Jahrhundert haben Mönche in einem nahe gelegenen Kloster mit dem Brauen leckerer Kräuterliköre begonnen. Zu einer Zeit, in der weite Teile Indiens noch nicht unter britischer Herrschaft standen, sondern zu Portugiesisch-Indien gehörten, kehrten die frommen Männer aus Fernost zurück und ließen sich in den Bergen von Monchique nieder. Aus dem indischen Goa brachten sie ihre Erfahrungen in der Herstellung von Likören mit. Angetan von den einheimischen Pflanzen der Algarve, wandten sie ihre in Indien gewonnenen Kenntnisse auf die einheimischen Kräuter in den Wäldern an und entwickelten immer neue Liköre.

Cristina hat das alte Wissen über Kräuter und die Herstellung der süßen Getränke von ihrer Tante gelernt. Seit 6 Jahren braut und bastelt sie in der winzigen Kräuterküche an immer neuen Geschmackskombinationen. Typisch portugiesisch sind die Liköre aus Bittermandeln oder Ginja, der Sauerkirsche. Typisch Monchique ist der Melosa, eine süße Variation des Medronhos mit Honig, Zimt und Zitrone. Aber es gibt noch viele andere leckere Sorten, wie Holunderbeere, Erdbeere oder die Früchte des Johannisbrotbaums. Die Kräuter oder das frisch gepflückte Obst werden von Cristina eine Zeit lang in Brandy eingelegt. Ehe ein Likör in Flaschen abgefüllt wird, muss er eine Weile ziehen. Cristinas Lieblingsprodukt ist der Nusslikör. Wer Lust hat, kann sich bei ihr sogar zu einem Workshop anmelden und von ihr lernen, wie man die Liköre ansetzt. Auch Süßmäuler werden bei Cristina schnell fündig, denn außer Likören bereitet sie noch Süßigkeiten aus Orange oder Kürbis, Mandeln und Medronho, Quitte oder Tomate zu.

TIPP

Eine kleine Wanderung zu dem verlassenen, aber morbide-schönen Convento de Nossa Senhora do Desterro lohnt.

- Licores do Convento de Monchique, Rua do Porto Fundo 47, 8550-455 Monchique www.monchiqueliquors.company.site
- ÖPNV: Bus 19, 92, 94, Haltestelle Monchique (Largo dos Chorões)

Monchique
Licores do Convento
Monchique
cereja
℮ 100ml
16 % vol.

Glücklicher Fund

31 Ruinen der Klosterburg al-Rihana bei Aljezur

Viele Jahre lang suchten die Archäologen nach den Ruinen des verschwundenen Rîbat da Arrifana. Man wusste, dass der Sufi-Herrscher und Mystiker Ibn Qasī irgendwo nördlich vom Cabo São Vicente eine befestigte Klosteranlage errichtet hatte, aber wo genau dieser mythische Ort lag, blieb lange Zeit verborgen. Erst 2001 fand man auf der Ponta da Atalaia schließlich die Überreste eines Minaretts, einer Koranschule, mehrere Moscheen und eine schützende Mauer. Es war ein besonderer Ort, den Ibn Qasī im 12. Jahrhundert zur Errichtung seines Klosters auserwählte. Oben auf der Spitze der felsigen Küste, die wie eine Halbinsel ins Meer hineinragt, ist es überraschend windstill. Unten treffen tosende Wellen auf das Land, das sich in rauer Schönheit dem Meer ergibt. Schroffe, spitze Felsen reißen die Brandung auf und trotzen der Kraft des Wassers wie ein schwarzer Turm.
Für die Sufis war die Ponta da Atalaia ein heiliger Ort. Diese urgewaltige Küste stellte für viele Menschen sowohl das Ende der irdischen Welt als auch das Tor zu etwas Neuem dar. Auch heute spürt man, oben an den Klippen stehend, die Besonderheit dieses Ortes. Es war die absolut passende Umgebung für ein Sufi-Kloster. Ein Ort des Übergangs, an dem die materielle Welt mit der spirituellen verbunden war und gleichzeitig eine irdische Grenze zwischen Islam und Christentum darstellte. Die von den Archäologen entdeckten Artefakte zeugen von der Askese des klösterlichen Lebens. Die Schlichtheit und Schmucklosigkeit der rein funktionalen Behälter und Alltagsgegenstände spiegeln die Prinzipien der politisch-religiösen Gemeinschaft wider. Doch Ibn Qasī war nicht nur Gründer und Prediger einer religiösen Bewegung, sondern auch Kämpfer gegen die Herrschaft der Almoraviden. Oft soll sich Ibn Qasī, ein erfolgreicher Staatsmann und Verbündeter Dom Afonso Henriques, des ersten christlichen Königs von Portugal, hierher, auf die Landspitze der Ponta da Atalaia, in die stille Einsamkeit des Klosters zurückgezogen haben.

● Rîbat da Arrifana, 8670-156 Aljezur
● ÖPNV: Bus 74, Haltestelle Vale da Telha (Rota a Atalaia), 1,5 Kilometer zu Fuß

Von der Göttin beschützt

32

Die „romanische" Brücke Taviras

Zu Füßen der ehemaligen Burg schlängeln sich die schmalen Gassen des maurischen Viertels. Dunkelrosa blühende Bougainvilleen ranken sich an den Fassaden der restaurierten Häuser empor, deren Türen mit ihrer blickdichten Lüftung noch an die alte maurische Bauweise erinnern. Mit feinen Gittern besetzt, kann man den oberen Teil dieser Türen öffnen, um frische Luft ins Haus zu lassen, ohne dass man von draußen einen Blick ins Innere werfen kann.

Vom Flussufer geht es den Hügel hinauf bis vor die prachtvoll strahlende Igreja de Santa Maria do Castelo aus dem 13. Jahrhundert, deren Glockenturm eine auffallend große Uhr ziert. Gegenüber der auf den Grundmauern einer maurischen Moschee errichteten Kirche erreicht man das Castelo de Tavira, die Überreste der einst mächtigen Festung der Stadt. Heute grünen und blühen Bäume, Sträucher und Blumen zwischen den dicken Mauern. Es ist ein friedlicher, farbenfroh sprießender Garten, der den Blick auf die Dächer der Stadt, das Meer und die vor der Küste liegende Ilha da Tavira freigibt.

Tavira ist eine sehr alte Stadt. Vor den Mauren hatten schon andere Handel treibende Völker des Mittelmeeres ihre Siedlungen an der Mündung des Flusses errichtet, der unter der alten Brücke seinen Namen wechselt und vom Rio Gilão zum Rio Séqua wird. Angeblich leitet sich der Name von der Göttin Sequana, Hüterin der Quellen und Flüsse, ab. Vielleicht war es die galloromanische Göttin, die bei den Überschwemmungen Ende der 80er-Jahre ihre schützende Hand über die alte Brücke hielt und sie davor bewahrte, vollkommen zerstört zu werden. Zum Glück blieben einige Brückenpfeiler erhalten, sodass die Ponte Antigua restauriert und bald wieder in Betrieb genommen wurde. Obwohl viele Reiseführer von der „Ponte Romana" sprechen, stammt die Brücke definitiv nicht aus römischer Zeit, aber das tut ihrer Beliebtheit keinen Abbruch. Im Sommer füllen sich die Terrassen der Cafés entlang des Flussufers. Von dort aus können Besuchende den Blick auf das schöne alte Bauwerk genießen.

TIPP

Ein Besuch der mit weißen und blauen Fliesen dekorierten Igreja da Misericórdia ist sehr zu empfehlen.

- Ponte Antigua, 8800-327 Tavira
- ÖPNV: Zug Linha do Algarve, Haltestelle Tavira, 900 Meter zu Fuß

Ein prächtiges Geheimnis

33 Das Teatro Lethes in Faro

Wer zwischen den Stuhlreihen mit Blick auf den roten Samtvorhang seinen Platz sucht, dem zaubert schon dieser hinreißend charmante Saal des Teatro Lethes ein Lächeln ins Gesicht. Das kleine Theater in Faro wirkt gemütlich, beinah familiär. Gleichzeitig ist das Ambiente prachtvoll und elegant. Die gesamte Einrichtung, von der Bestuhlung bis zur Anordnung der Balkone, erinnert an die glanzvolle Zeit der großen Opernhäuser. Die Mailänder Scala kommt den Besuchern nicht von ungefähr in den Sinn. Tatsächlich ist das Lethes dem großen Theater in der Hauptstadt Lissabon nachempfunden, dessen Ausstattung wiederum von der Architektur des Mailänder Opernhauses inspiriert wurde. In Faro schätzt man sich daher glücklich, in einer Miniversion der Scala neben Theaterstücken und Opern auch verschiedene Musik- und Tanzaufführungen erleben zu können. Im Teatro Lethes begegnen sich Vergangenheit und Gegenwart, Erinnerungen an alte Zeiten und Ausblicke in die Zukunft. Bei einer Aufführung, für die man die Bestuhlung entfernte, weil das Ensemble die Bühne in den Saal verlegt hatte, halfen sogar ein Pferd und ein Huhn dabei, das Publikum auf den Balkonen zu verzaubern.

Obwohl man es dem Gebäude nicht ansieht, ist das Theater schon ziemlich alt. Ursprünglich wurde es als Kloster errichtet, war zunächst ein Ort des Glaubens und der Bildung, dann hausten napoleonische Truppen in den altehrwürdigen Mauern und verwüsteten das Kloster. Doch 1844 rettete ein italienischer Arzt das Gebäude vor dem Verfall. Don Lazaro Doglion war ein großer Verehrer der schönen Künste. In Faro wollte er ein prachtvolles Theater errichten, das dem Teatro de Sao Carlos in Lissabon in nichts nachstehen sollte. In Anlehnung an den mythischen Fluss aus der griechischen Sage wurde das Schauspielhaus 1855 als Teatro Lethes eingeweiht. Denn wie das Wasser des Lethe auf mysteriöse Weise Trauer und schlechte Erinnerungen hinwegwäscht, so soll man beim Betreten des Theaters in eine andere Welt eintauchen und den Alltag vergessen.

- Teatro Lethes, Rua de Portugal 58, 8000-281 Faro
  www.teatrolethes.com
- ÖPNV: Zug Linha do Algarve, Haltestelle Faro, 1 Kilometer zu Fuß

Authentisches Glück

34 Vila do Bispo, die Stadt des Bischofs

Manche sagen, die Stadt verdanke ihren Namen der Tatsache, dass der portugiesische König die Siedlung Santa Maria do Cabo Anfang des 16. Jahrhunderts dem Bischof Fernando Coutinho geschenkt habe und das Dorf von da an den Namen Vila do Bispo trug. Coutinho war einer der wenigen Bischöfe, die damals für religiöse Toleranz eintraten und sich gegen eine Zwangsbekehrung der jüdischen und muslimischen Einwohner der Algarve aussprachen. Es dauerte nicht lange, bis die kleine „Bischofsstadt" florierte und es zu einem gewissen Wohlstand brachte. Dabei spielte die Landwirtschaft, vor allem der Ackerbau, eine wichtige Rolle, denn aus dem Mehl des hier angebauten Getreides wurde Brot für die gesamte Region gebacken.
Schon von Weitem erkennt man den alten Wasserturm, der auch heute noch die Dächer der Stadt überragt. Während sich die Küstendörfer in wenigen Jahren zu einem Mekka für Surfer entwickelten, geht es in Vila do Bispo mit seinen rund 5000 Einwohnern nach wie vor ruhig und authentisch zu. Die kleine Stadt wirkt bescheidener und genügsamer als viele der von Touristen belagerten Orte direkt am Atlantik. Doch Vila do Bispo ist nur auf den ersten Blick unscheinbar, denn hier treffen Herz, Kopf und Bauch des südwestlichen Zipfels der Algarve zusammen. In der Markthalle bieten Fischer ihren Fang zum Verkauf. Neben Fischen und Meeresfrüchten findet man an den Marktständen frisches Obst und Gemüse der Saison. Ältere Damen breiten selbst gesammelte Kräuter zum Verkauf aus. Getrocknet und zu kleinen Sträußen gebunden, duften Oregano, Salbei und Rosmarin um die Wette. Von der Markthalle sind es zu Fuß nur wenige Gehminuten bis zur Igreja Matriz de Nossa Senhora da Conceição. Weiß strahlt die kleine, am Rande der Stadt gelegene Kirche vor dem ewig blauen Himmel. Wer die Gelegenheit hat, das Kirchenschiff zu besichtigen, kann sich glücklich schätzen, denn die Innenwände der Kirche sind über und über mit blauen Fliesen geschmückt, und goldene Engel zieren den barocken Altar.

- Igreja Matriz de Nossa Senhora da Conceição, Praça da República, 8650-417 Vila do Bispo
- ÖPNV: Bus 22, 47, Haltestelle Vila do Bispo (Junta Freguesia)

Bilder an der Wand

35

Einfühlsam ehren Murais die Geschichte Olhãos

Am Largo da Fábrica Velha, dem Platz der alten Fabrik, erinnern überdimensionale Wandbilder an einen bedeutenden Teil der Vergangenheit Olhãos. An dieser Stelle standen einst die Fabriken, die das Gesicht des Ortes von Grund auf veränderten und das unbedeutende Fischerdörfchen an der Ria Formosa in eine kleine Stadt verwandelten.
Als Ende des 19. Jahrhunderts die erste Fisch verarbeitende Fabrik eröffnet wurde, war das eine absolute Neuheit. Der Franzose Armand Haüet kam als Erster auf die Idee, den frisch gefangenen Fisch gleich hier im Hafen von Olhão portionsfertig in Dosen zu verpacken. Es dauerte nicht lange, bis eine Fischkonservenfabrik nach der anderen eröffnet wurde. Die neuen Unternehmen schafften Arbeitsplätze. Mit der Anzahl der Betriebe wuchs die Zahl der Schiffe beständig, die täglich zum Fischfang ausfuhren. Auf der Suche nach Arbeit kamen immer mehr Menschen nach Olhão, denn die Konservenindustrie ernährte viele Familien. Als in den 70er-Jahren der Aufschwung abebbte, standen viele Fabriken, die über Jahrzehnte hinweg das Leben der Einwohner Olhãos bestimmt hatten, leer. Die Gebäude drohten zu verfallen. Das Projekt der „Murais“, das diese Ecke der Altstadt herausputzen und an die Zeit des Wachstums erinnern sollte, wurde ins Leben gerufen: An den Mauern der ehemaligen Fischfabriken sollten nach alten Fotos aus den Archiven der Stadt große Wandbilder entstehen.
2017 begann man, Schautafeln aufzustellen, die die Geschichte der inzwischen geschlossenen Werke erzählen. Street-Art-Künstler rückten mit Spraydosen, Rollen und Farbe an, um die Wände zu verschönern. Einfühlsam ließen sie diesen Teil der Geschichte Olhãos wiederauferstehen. Alte Fischerboote, Männer und Frauen bei der Arbeit und sogar zwei portugiesische Wasserhunde zieren heute die alten Mauern. Manche der älteren Damen waren gerührt, wenn sie jemanden auf einem der Wandbilder wiedererkannten. Heute sind die Einheimischen glücklich und stolz auf die Murais und auf ihre Vergangenheit.

TIPP

Auf dem Platz erinnert die Skulptur „Lenda da Marim“ an die Legende eines besonderen Liebespaares.

- Largo da Fábrica Velha, 8700-302 Olhão
- ÖPNV: Zug Linha do Algarve, Haltestelle Olhão, 800 Meter zu Fuß

Bunte Kräuter der Algarve

36 Im Garten der Düfte nahe Estoi

Duftende grüne und bunt blühende Kräuter, so weit das Auge reicht. Laura und Nuno haben ein abgelegenes Stückchen Land vor den Toren von São Brás de Alportel in einen üppig sprießenden Kräutergarten verwandelt. Über 40 verschiedene Kräuter wachsen hier in den Beeten, alle ökologisch angebaut, ohne Chemie und künstliche Pflanzenschutzmittel. Von Hand werden Blüten, Früchte und Blätter geerntet. Es ist ein echtes Herzensprojekt, das die beiden geschaffen haben. Liebevoll werden die Pflanzen gehegt und gepflegt. Die Schwiegermama hilft dabei, aus den gerade gepflückten Kräutern Sträußchen zu binden. Vieles wird frisch für den Verkauf an Restaurants, kleine Läden und die Gourmet-Theken der lokalen Supermärkte der Algarve verpackt. Manches wird erst getrocknet oder zu verzehrfertigen Kräutermischungen für Fisch- oder Fleischgerichte zusammengestellt.

Bei einem Rundgang durch ihren Garten der Düfte erklärt Laura den Besuchern, welches Kraut gegen Halsweh oder Bauchkrämpfe hilft und welche Blüten eine desinfizierende Wirkung haben. Kleine Schildchen weisen darauf hin, wo gerade was blüht. Neben Küchenkräutern wie Rosmarin und diversen Sorten Thymian wachsen Bohnenkraut, Estragon und Fenchel für den Einsatz in den Kochtöpfen. Außer bekannten Würzpflanzen wie Zitronenverbene oder Basilikum gedeihen hier auch ungewöhnliche Kräuter wie Manjericão-canela, eine spezielle Basilikumart, die aus Thailand stammt und nach Zimt schmeckt, oder Manjericão-roxo, das lila Basilikum, das etwas milder im Geschmack ist als das gewöhnliche Basilikum, aber dafür ein besonderer Farbtupfer auf einem Salatteller sein kann. Zwischen den hübschen roten, lila und gelben Blüten sind auch wichtige Heilkräuter zu finden, wie Ringelblumen, Kapuzinerkresse oder Tausendgüldenkraut, das Gallenbeschwerden lindert und Fieber senkt.

Nach der Entdeckungstour durch die Gartenanlage servieren Laura und Nuno im Schatten des Johannisbrotbaums noch eine Tasse Kräutertee und selbst gebackene Kekse.

● Dias de Aromas, Cerro do Monteiro, Caminho Agricola dos Poços Murta, 8005-506 Estoi, www.diasdearomas.pt

● ÖPNV: Bus 65, Haltestelle Murta, 1 Kilometer zu Fuß

Wenn die Algarve erwacht

37 Im Zug nach Faro

Früh am Morgen ist der Bahnhof in Vila Real de Santo António noch leer. An dem kleinen Bahnhofsgebäude enden heute die Gleise der Linha do Algarve. Doch zu Beginn des letzten Jahrhunderts führte die Bahnlinie von hier aus über eine Fähre bis nach Ayamonte in Spanien. Heute fahren die Züge nur noch nach Westen: Über Faro geht es bis Lagos oder wahlweise nach Lissabon.

Der Zug besteht aus zwei Waggons und hält an jeder noch so winzigen Station. Es sind niedliche Bahnhöfe mit bunten Fliesen, dazwischen Salinen, in denen Meersalz gewonnen wird, später Gärten, Orangenbäume, dann wieder Salinen. Rostrote Erde und grüne Wiesen fliegen langsam am Zugfenster vorbei. Ein echtes Glücksgefühl stellt sich ein, wenn die Sonne über dem Meer aufgeht und ein warmes Licht auf die kleinen weißen Häuser wirft, die der Zug ruckelnd passiert. Über der Sumpflandschaft, die sich bis zum Meer erstreckt, färbt sich der Himmel orangerot. Plantagen mit Orangenbäumen und Weinreben erscheinen im schnellen Wechsel draußen vor dem Zugfenster; das noch etwas träge Tageslicht lässt die rostrote Erde lila erscheinen. Kleine Gärten, in denen Hühner auf der Suche nach Regenwürmern sind, überfüllte Wohnmobilstellplätze und Wäscheleinen voller Unterhosen. Zwischen den zahlreichen Salinen fällt der Blick immer mal wieder auf das blau schimmernde Meer, das in der Ferne in Sicht kommt.

Kurz bevor die Waggons Faro, die Hauptstadt der Algarve, erreichen, wird die Bahn voller. Hier führen die Schienen direkt am Strand entlang. Eine breite Wattlandschaft erstreckt sich vor der Stadt, die Ria Formosa, die bis zu den vorgelagerten Inseln führt. In der Ferne sieht man am Morgen die Muschelsammler durch das sumpfige Gelände stampfen. Dann nähert sich der Zug dem winzigen Bahnhof. Manche Passagiere haben sich für einen Tag in der Stadt extra in Schale geworfen, andere genießen noch einen gemütlichen Morgenkaffee, ehe sie zur Arbeit eilen. Ein neuer Tag in der historischen Metropole beginnt!

● Linha do Algarve, Haltestelle Faro, Largo da Estação, 8000-133 Faro

Vom Fluss umschlungen

38 Aljezur, eine Hafenstadt ohne Hafen

Früher führte die Ribeira de Aljezur noch deutlich mehr Wasser als heute. In alten Quellen wird die Stadt als „vom Wasser umschlungen" beschrieben, wie eine Halbinsel. Bis ins 15. Jahrhundert brachten tatsächlich viele kleine Boote die Ladungen der großen, vor der Küste ankernden Segelschiffe über den Fluss bis hierher, in den Hafen von Alejzur. Heute kann man sich die Ribeira kaum noch als einen richtigen Fluss vorstellen. Nur ein schmales Bächlein fließt noch durch die weite Ebene. Doch einst verkauften die Einwohner der Umgebung hier Wein, Obst und Gemüse, Textilien und Lederwaren. Die Seeleute füllten in Aljezur ihre Vorräte und die leeren Fässer mit frischem Trinkwasser auf und deckten sich mit allem ein, was sie für die nächste Reise brauchten. An der Stelle, an der sich heute die kleine Markthalle befindet, lag schon vor Jahrhunderten ein wichtiger Umschlagplatz für Waren aller Art, denn schon damals herrschte hier ein reger Handel. Jenseits der Brücke, die die Markthalle mit der Altstadt verbindet, bewirtet das Restaurant Pont'a Pé seit vielen Generationen Gäste aus nah und fern.

Durch schmale Gassen geht es von dort bergauf zu einem kleinen Heimatmuseum. In der oberen Etage lassen zwei liebevoll eingerichtete Zimmer die Besucher einen Blick in die Welt werfen, in der die Menschen früher lebten. Im unteren Stockwerk sind Fundstücke aus den Ruinen des Sufi-Klosters Ribat de Arrifana ausgestellt, die die Archäologen dort zutage gefördert haben. Auch die Funde aus der Burg, die über dem Ort thront, erinnern in dem Museum an die maurische Vergangenheit Aljezurs. Von der Festung ganz oben auf dem Hügel beherrschten die Mauren im 12. und 13. Jahrhundert die gesamte Gegend. Lediglich die Grundmauern sind von der alten Burg noch erhalten geblieben, doch eines hat sich zum Glück bis heute nicht geändert: Noch immer kann man von hier den Blick über die grüne Ebene schweifen lassen, die sich zu Füßen der Burg erstreckt.

- Museu Municipal de Aljezur, Rua João Dias Mendes 48, 8670-079 Aljezur www.cm-aljezur.pt
- ÖPNV: Bus 22, 79, Haltestelle Aljezur (Mercado)

Paradies der Weinkenner

39

Ein Gewölbe in Lagos Altstadt

Die Kellerräume des Restaurants Don Sebastião lassen das Herz eines jeden Weinliebhabers höherschlagen. In einer der zahlreichen, ziemlich steil ansteigenden Gassen der Altstadt von Lagos liegt das Don Sebastião zwischen einem netten Café und einem kleinen Andenkenladen. Während nebenan handgefertigte Produkte der Algarve als hübsche Souvenirs angeboten werden, kommen in dem alteingesessenen Restaurant traditionelle Speisen der Region auf den Tisch. Zu den Spezialitäten des Hauses gehören neben Lamm, Huhn und Schweinebäckchen vor allem Fisch und Meeresfrüchte. Hier werden typische Gerichte wie die Cataplana, der klassische Muscheleintopf, Venusmuscheln in Knoblauch, Garnelen in Sekt und gefüllte Riesenkrabben serviert. Die Gäste wissen die Qualität der frisch zubereiteten Köstlichkeiten zu schätzen, denn immerhin gibt es das Restaurant schon seit über 40 Jahren. Bereits 1979 wurde das Don Sebastião eröffnet und bewirtet seither die Feinschmecker der Algarve mit Delikatessen aus dem Meer.
Besonders große Augen werden Weinliebhaber machen, wenn sie den Weinkeller des Hauses entdecken. Seit vielen Jahren lagert der Besitzer des Restaurants dort seine Sammlung köstlicher Rebsäfte. In Kisten und Schränken, auf den Regalen und Tischen sammeln sich die Flaschen der edlen Tropfen. Die Weine stammen allerdings nicht ausschließlich von der Algarve, sondern aus den besten Weinanbaugebieten ganz Europas. Da liegen rote und weiße Weine, Madeiraweine und echter Champagner. Neben den in die Jahre gekommenen Gefäßen, die bereits eine dicke Staubschicht ziert, gibt es auch besondere Abfüllungen wie die Flasche Grand Marnier, die von der Hochzeitstafel Prinzessin Dianas und Prinz Charles' stammt. Wenn einer der Kellner Zeit für eine kleine Führung durch das Gewölbe hat, darf man mit etwas Glück auch einen Blick in ein außergewöhnliches Möbelstück werfen: nämlich einen antiken Schrank, in dem die wohlhabenden Herrschaften ihre teuren Weine vor unliebsamen Gästen verbargen.

- Restaurante Don Sebastião, Rua 25 de Abril 20-22, 8600-763 Lagos
  www.restaurantedonsebastiao.com
- ÖPNV: diverse Buslinien, Haltestelle Praça do Infante; Zug Linha do Algarve, Haltestelle Lagos, 1 Kilometer zu Fuß

Rund ums Rad

40 Das Germano Bici-Arte Café in Alte

In einer malerischen Kurve des Örtchens Alte liegt eine sehr ungewöhnliche Caféteria. Auf der Speisekarte finden sich leckere Kleinigkeiten aus regionalen Zutaten, denn hier kommen nur lokale Produkte auf den Tisch, darauf legt Pedro viel Wert. Doch das Besondere am Bici-Arte Café ist nicht das nachhaltige Konzept der Küche, sondern die Dekoration des kleinen Ladens, die fast ausschließlich aus alten Fahrradteilen besteht. Sogar die Serviettenständer auf den Tischen sehen aus wie recycelte Zahnräder einer Gangschaltung.

Als er das Café vor einigen Jahren eröffnete, nannte Pedro den Laden in Erinnerung an seinen Opa „Germano“. Der Großvater war ein leidenschaftlicher Radfahrer und Bastler, der an dieser Stelle schon in den 30er-Jahren einen Fahrradverleih mit Werkstatt betrieben hatte. Unter Fahrradfahrern ist das Café längst ein fester Stopp auf den Routen durch die Berge. Für Profis sind die Strecken durch das Hinterland der Algarve eher etwas zum Aufwärmen, leichte Steigungen, nicht allzu steil. Daher sind die meisten Radfahrer, die hier einkehren, begeisterte Amateure. Sie treffen sich gern in dem kleinen Café, denn sie wissen, dass sie hier auf Gleichgesinnte stoßen. Außerdem serviert Pedro nicht nur leckere Speisen und Erfrischungen, sondern hat stets auch das passende Werkzeug, das eine oder andere Ersatzteil und jede Menge gute Ratschläge parat, mit denen er seinen Gästen bei Bedarf zur Seite steht. Für so manchen war es schon ein großes Glück, dass er seinen Laden direkt an der Hauptstraße unterhält!

Zu den vielen treuen Gästen des Bici-Arte Cafés gehört auch ein 80 Jahre alter Herr, der, so Pedro, trotz seines hohen Alters jedes Jahr an dem Radrennen auf der Rota Algarviana teilnimmt. Ihm gehe es nicht darum, als Erster ins Ziel zu kommen, erklärt Pedro voller Stolz, er habe vielmehr Spaß daran, dabei zu sein. Neben den Gästen mit Zweirädern sind natürlich auch alle, die zu Fuß oder mit dem Auto unterwegs sind, herzlich willkommen.

TIPP

Ob zu Fuß oder mit dem Rad – auf der Via Algarviana geht es quer durch die Algarve.

- Germano Bici-Arte Café, Estrada da Ponte 18 A, 8100-012 Alte
  www.germano.pt
- ÖPNV: Bus 83, 89, Haltestelle Alte (Ponte)

RESERVADO

Blauer Drache an der Wand

41

Die Casa de Odeleite

Angenehm ruhig geht es heute in dem 300-Seelen-Dorf zu. An die Zeiten, als in den Bergen noch regsamer Betrieb herrschte, erinnert die 2012 eröffnete Casa de Odeleite. In dem gelb gestrichenen Häuschen, das wie eine kleine Sonne zwischen den ansonsten weiß getünchten Wänden leuchtet, erzählt ein Guide von der Geschichte des Ortes. Das Museum war einst das Wohnhaus einer gutbürgerlichen Familie.

Hier lebten keine Bauern oder Arbeiter, sondern wohlhabende Herrschaften, die sich etwas leisten konnten, denn im 17. Jahrhundert blühte der Handel zwischen der Region nahe dem Guadiana-Fluss und der spanischen Grenze. Ehe die großen Straßen gebaut wurden, dienten die Flüsse und ihre Nebenarme hier als Transportwege. Gehandelt wurden neben kleineren Metallvorkommen vor allem regionale Produkte wie Feigen, die Früchte des Johannisbrotbaums, Zistrosen und natürlich Mandeln. Die Mandeln, die auf den zu Odeleite gehörenden Ländereien wuchsen, wurden bis in die Vereinigten Staaten exportiert, wo sie an der Börse hohe Preise erzielten. Erst zu Beginn des 20. Jahrhunderts brachten weltweite Krisen und Kriege den florierenden Handel zum Erliegen. Doch in dem gelben Bürgerhaus scheint die Zeit stehen geblieben zu sein. Der Tisch ist hübsch gedeckt, im Lager ruhen Säcke mit Körnern und Getreide, und der Backofen wartet darauf, wieder eingeheizt zu werden, um frisches Brot zu backen.

Mit der Fertigstellung der Talsperre bei Odeleite 1997 kam neues Leben ins Dorf. Auf einer überdimensional vergrößerten Luftaufnahme an der Wand des kleinen Museums sind die Hügel, Straßen und auch der neue Stausee gut zu erkennen: Das bizarre Gebilde, das die Wassermassen der aufgestauten Ribeira da Odeleite mitten in der grünen Landschaft geformt haben, erinnert, von oben betrachtet, an einen chinesischen Drachen! In der fernöstlichen Kultur gilt das Fabeltier als Symbol des Glücks und der Stärke. Den besten Blick auf den „echten" Drachen erhascht man auf der Aussichtsplattform von Odeleite.

- Casa de Odeleite, Rua 5 de Outubro 27, 8950-359 Odeleite
- ÖPNV: Bus 119, Haltestelle Odeleite (Giões)

Alte Handwerkskunst

42 Der glückliche Kupferschmied von Loulé

Jeden Tag ertönt der Hammer des Kupferschmieds durch die Straßen von Loulé. Analide Carmo sitzt in seiner Werkstatt mit Blick auf die Burg und gibt dem kupfernen Gefäß in seinem Schoß eine bestimmte Form. Hier fertigt er Pfannen, Kessel, Schalen oder die traditionelle Cataplana, einen besonderen Topf, in dem man an der Algarve einen köstlichen Muscheleintopf zubereitet. Ohrringe, Armbänder und andere kleine Kunstwerke aus Kupfer werden in den Regalen der Werkstatt zum Kauf angeboten, denn man kann den Schmieden nicht nur bei der Arbeit zusehen, sondern ihre handgefertigten Produkte auch erwerben.

Analide kommt gern hierher. Er liebt seine Arbeit und denkt nicht ans Aufhören. Dabei war er eigentlich schon in Rente, als 2013 ein Projekt ins Leben gerufen wurde, das die alten Handwerksberufe vor dem Aussterben bewahren sollte. Menschen, die Körbe flechten, töpfern oder Keramik bemalen, waren schnell gefunden. Doch verzweifelt suchte man jemanden, der die Kunst des Kupferschmiedens beherrschte. Zum Glück erinnerten sich seine Nachbarn, dass Analide Schmiedemeister war. Obwohl er anfangs nicht sehr überzeugt war – wer sollte Interesse an diesem alten Zeug haben? –, ließ er sich umstimmen und gab in einem Workshop sein Wissen weiter. Der Erfolg sprach für sich, und seither schmiedet Analide wieder begeistert Pfannen und Töpfe. Junge Leute kommen aus den verschiedensten Ländern Europas, um das Handwerk von ihm zu lernen. Künstler lassen sich zeigen, wie man mit dem Material arbeitet, und kreieren eigene, neue Schöpfungen.

In Loulé blickt die Kupferverarbeitung auf eine lange Tradition zurück. Im nahen Alentejo gab es reiche Kupfervorkommen, und die Mauren brachten auf ihren Eroberungszügen fortschrittliche Verarbeitungstechniken dieses Metalls mit. Viele der portugiesischen Besucher erinnern sich an Eltern oder Großeltern, die dieses Handwerk einst ausübten. Analide ist glücklich, dass er das Wissen und seine Erfahrung an die nächste Generation weitergeben kann.

- Oficina de Caldeireiros – Loulé criativo, Rua da Barbacã 26–28, 8100-546 Loulé
www.loulecriativo.pt
- ÖPNV: Bus Linha Amarela, Haltestelle Largo Dr. Bernardo Lopes oder Largo Don Afonso III

Frische Fische

43 Der Litão aus Olhão

In dem einst so geschäftigen Hafen von Olhão wurde es in den 70er-Jahren etwas ruhiger. Die Erfindung des Kühlschranks hatte der Fischkonservenindustrie einen schweren Schlag versetzt. Doch einmal in der Woche tobt das Leben in den kleinen Straßen von Olhão, denn der Fischmarkt ist noch immer der größte an der ganzen Algarve. Jeden Samstag reisen die Bauern der Umgebung an und errichten vor den Hallen ihre Verkaufsstände, an denen sie selbst angebaute Tomaten, bunte Paprika, Kartoffeln oder Granatäpfel anbieten. Besucher bummeln über den Markt, Einheimische erledigen ihre wöchentlichen Einkäufe, und anschließend genießen alle in einem der Cafés den Blick auf die Ria Formosa und die Schiffe im Hafen.

Eingeweiht wurden die beiden Markthallen in Olhão schon 1916. In nur 4 Jahren hatte man aus einfachen Materialien wie Eisen, Glas und unverputzten Ziegelsteinen die Gebäude errichtet. Befestigt wurden sie, indem man 88 Pfähle tief in den Untergrund rammte. Während in einer der beiden Hallen Obst und Gemüse, Honig, Kräuter und Souvenirs verkauft werden, ist die andere Halle Fisch und Meeresfrüchten vorbehalten. Außer Doraden, Seeteufeln und Sardinen, Kraken, Kalamaren und Herzmuscheln werden auch die scheinbar endlos langen Schwertfische angeboten, die ihrem Namen wirklich alle Ehre machen. Sogar schwarze Schwertfische aus der Tiefe des Meeres kann man in den Auslagen finden. Eine Besonderheit auf diesem Markt sind getrocknete Katzenhaie, denn die gelten in Olhão als traditionelles Weihnachtsgericht. Während man in anderen Gegenden Portugals an Heiligabend Bacalau, also Kabeljau, speist, essen die Menschen hier eben Litão. Der einheimische Fisch ist für alle bezahlbar und war früher die billigere Alternative zum teuren Bacalau, der erst importiert werden muss, weil er hier nicht vorkommt. Bis heute sind die meisten Familien in Olhão ihrem getrockneten Fisch treu geblieben und genießen an Weihnachten ihren mit Paprika, Zwiebeln und Kartoffeln zubereiteten Litão.

- Mercados Municipais, Avenida 5 de Outubro, 8700-412 Olhão
https://mercadosdeolhao.cm-olhao.pt
- ÖPNV: Bus Linha Verde, Haltestelle Mercado Municipal; Zug Linha do Algarve, Haltestelle Olhão, 1 Kilometer zu Fuß

Die glückliche Rettung

44 Das alte Stadttor in Lagos

Lagos spielte in seiner langen und bewegten Geschichte vor allem als Festungsstadt eine bedeutende Rolle. Bis heute kann man die dicken Mauern bestaunen, die die Altstadt jahrhundertelang vor Angriffen vom Meer her schützten. Schreitet man durch die Porta de São Gonçalo, erheben sich die Überreste der meterhohen Stadtmauer scheinbar unüberwindbar in den Himmel. Vor dem alten Stadttor stehend, blickt man auf die imposanten Überreste der einst mächtigen Burg von Lagos. Als auch diese massive Mauer keinen ausreichenden Schutz mehr vor moderner Kriegstechnik und neuen Waffen bot, errichtete man einen regelrechten Gürtel kleiner Festungen vor den Toren der Stadt. Eine dieser Bastionen war die Forte da Ponta da Bandeira, die ursprünglich auf einer Insel lag und nur über die Zugbrücke erreichbar war.
Da in früheren Jahrhunderten das Meer bis an die Stadtmauer heranreichte, hieß das heute nach dem heiligen São Gonçalo benannte Stadttor früher Portal del Mar. Der fromme Mann soll 1360 in einem der neben dem Portal liegenden Häuser geboren sein. Ein kleiner Schrein in der Mitte des Stadttors erinnert an den Augustinermönch, der sogar verschiedene Wunder vollbracht haben soll. Eine der Geschichten, die man sich in Lagos über São Gonçalo erzählt, ist die Legende der Thunfischvermehrung.
Eines Tages herrschte eine große Hungersnot in der Stadt. Selbst die Fischer hatten auf See nur einen einzigen Thunfisch gefangen. Man sagt, Gonçalo habe sich das Fass mit diesem Fisch bringen lassen. Dann versammelte er die gesamte Stadtbevölkerung um sich und zog einen Thunfisch nach dem anderen aus dem Fass, bis alle etwas zu essen hatten. Das Denkmal, das man diesem wundertätigen Heiligen auf dem Platz oberhalb der kleinen Festung errichtet hat, erinnert an diese Geschichte. Die drei Seiten des Monuments sind mit je vier Thunfischen verziert. Zusammen sind es zwölf Fische, einer für jeden Monat des Jahres. In später Dankbarkeit ernannte die Stadt Lagos São Gonçalo 1972 zum Stadtheiligen.

- Porta da São Gonçalo, nahe der Forte da Ponta da Bandeira, Avenida dos Descobrimentos, 8600-563 Lagos
- ÖPNV: diverse Buslinien, Haltestelle Praça do Infante

Blaue Bank mit Aussicht

45 Die alte Festung von Cacela Velha

Neben der Kirche von Cacela Velha steht eine blaue Bank. Von hier aus hat man einen der schönsten Ausblicke auf die Sandstrände der Lagune, die hinter der Bastion einer verlassen wirkenden Burg aus dem 10. Jahrhundert zum Vorschein kommen. Wenn der Blick über das Meer und die Wattlandschaft schweift, muss man bedenken, dass die Küste in der Zeit, als die Burg errichtet wurde, noch ganz anders aussah als heute. Das schwere Erdbeben 1755 veränderte das Aussehen der Ria Formosa mit ihren kleinen Inseln. Einst war das tosende Meer den Füßen der Burg sehr viel näher als heute, doch im Laufe der Zeit versandete die Lagune immer mehr.
Phönizische und griechische Handelsrouten verliefen längs der Küste, römische Siedlungen entstanden unweit des heutigen Dorfes, lange bevor die Mauren im 8. Jahrhundert die Algarve eroberten. Mit einer ganzen Kette an Festungen schützten sie die Seewege ihrer Schiffe und verteidigten ihre Siedlungen an der Küste, die sie Gharb al-Andalus, kurz al-Gharb, nannten. Einer der Sprösslinge der Berberfamilie Darrag Alcacetali, die auf der Burg von Cacela herrschte, soll Kanzler am Hofe al-Mansurs, eines bedeutenden Kalifen von Córdoba gewesen sein. Nach der Eroberung der Burg durch christliche Heere im Jahr 1249 errichteten die portugiesischen Herrscher eine Kirche, bauten die Festung aus und übergaben die Siedlung dem Santiagoorden. Die Überreste der im Laufe der Jahrhunderte immer wieder umgebauten Festungsanlage stehen seit den 70er-Jahren unter Denkmalschutz.
Viele Jahrhunderte lang lebten die Menschen des Dorfes weitgehend vom Fischfang. Manche sagen sogar, Cacela sei ein Piratennest gewesen. Fest steht, dass Cacela Velha bis heute vom Boom der Touristen verschont blieb. Nur wenige kleine Häuser stehen zwischen dem Friedhof und der alten Festung. Wahrscheinlich ist die winzige Siedlung den Strandurlaubern dann doch zu beschaulich. Zum Glück, denn so kann man die unglaubliche Aussicht über die Ria Formosa in aller Stille genießen.

- Cacela Velha, Rua de Cacela Velha, 8900-019 Vila Nova de Cacela
- ÖPNV: Bus 66, 67, Haltestelle Cacela Velha (X), 1,4 Kilometer zu Fuß

Auf zu neuen Ufern

46 Cabo de São Vicente bei Sagres

Früher wie heute warten die Seeleute im Schutz der Landzunge vor Sagres auf günstige Wetterbedingungen, ehe sie das Kap umsegeln. Am stürmischen Cabo São Vicente treffen zwei Meeresströmungen und unterschiedliche Winde aufeinander. Der vom Atlantik kommende Wind weht so heftig, dass man die salzige Gischt auf der Haut spürt. Schließt man die Augen und atmet tief ein, fühlt es sich fast so an, als sei man auf hoher See. Hier liegen Abenteuer in der Luft. An den Klippen des Kaps kann man die urtümliche Kraft des Meeres sehen und hören. Der Atlantik ist keine seichte Badewanne, sondern eine eindrucksvolle Macht. Der Blick auf die tosenden Wellen flößt Respekt ein. Doch der Ozean zeigt nicht nur die Gefahren, sondern verspricht auch einen Aufbruch zu etwas Neuem, zu aufregend Unbekanntem. Das Rauschen der Wellen erzählt Geschichten von fernen Ufern und lässt die Fantasie weit fort zu tropisch grünen Inseln schweifen.

Der Name des südwestlichsten Zipfels Europas erinnert an den Franziskanermönch, der im 4. Jahrhundert nach Christus den Märtyrertod erlitt. Der Legende nach wollte man seine Gebeine von Padua aus nach Asturien bringen, wo sie in Sicherheit sein sollten. Doch die Reise endete am Kap. Also errichtete man hier eine Kapelle zur Aufbewahrung seiner Überreste. Erst im 12. Jahrhundert überführte der König von Portugal den von einer Schar Raben begleiteten Sarg des Märtyrers nach Lissabon, wo er seine letzte Ruhestätte fand und zum Schutzheiligen wurde. 1515 erbaute man an der Stelle, an der sich das Grab des São Vicente befunden hatte, ein erstes Leuchtfeuer, das die Seeleute vor der gefährlichen Umsegelung des Kaps schützen sollte. Erst zu Beginn des 20. Jahrhunderts entwarf man den 28 Meter hohen Turm, der heute für die Sicherheit der Schiffe am Kap sorgt. Man sagt, der rot-weiß gestreifte Farol do Cabo de São Vicente sei einer der stärksten ganz Europas. Sein Leuchtfeuer soll noch 90 Kilometer von der Küste entfernt zu sehen sein.

TIPP

Für deutsche Bratwurstliebhaber gibt es am Kap die „Letzte Bratwurst vor Amerika".

- Cabo de São Vicente, 8650-370 Sagres
- ÖPNV: Bus 47, Haltestelle Cabo São Vicente

Hommage an die Fischer

47 Carrapateiras Museum des Meeres und der Erde

Von dem Hügel, auf dem das kleine Dorf Carrapateira liegt, überblickt man die gesamte Ebene. Kilometerbreite Sandstrände erstrecken sich entlang der Küste. Oben im Dorf haben die Menschen ihrer Heimat und der althergebrachten Lebensart ein liebevoll eingerichtetes Museum eröffnet, das Museu do Mar e da Terra. Verschiedene Werkzeuge, Fotos und Wandtafeln erklären, wie das karge Land mühsam in fruchtbare Gärten umgewandelt wurde. Man erfährt, mit welchen Techniken die Fischer seit Jahrhunderten auf hoher See fischen und wie hartgesottene Männer ihr Leben riskieren, um die begehrten Percebes von den Felsen zu sammeln. Percebes sind eine besondere Spezialität der Algarve.
Die auf Deutsch Entenmuscheln genannten Tierchen sind eigentlich kleine Krebse, die sich wie Korallen an einem bestimmten Ort festgesetzt haben. Damit der gefährdete Bestand Zeit hat, sich zu erholen, dürfen Percebes nur in bestimmten Monaten des Jahres gesammelt werden. Bilder und Filme zeigen, wie gefährlich und riskant diese Arbeit ist, denn die Tiere leben an schwer erreichbaren und unzugänglichen Felsen. An den Stellen, die am heftigsten vom Meer umtost werden, fühlen sich Entenmuscheln am wohlsten. Die wenigen Männer, die heute noch Percebes sammeln, arbeiten meist zu zweit. Während einer der Fischer versucht, die fest an den Felsen gekrallten Krebse vom Untergrund zu lösen, muss der andere das Meer im Auge behalten, um seinen Kollegen rechtzeitig mit lauten Pfiffen vor Brandung und starker Strömung zu warnen. So arbeiten die Männer heute wie früher, eng an die Felswand geklammert, ein Auge stets auf die Wellen, dem Meer niemals den Rücken zugewandt. Eine Arbeit, für die man viel Erfahrung braucht. Bei dem Gang durch das kleine Museum wird schnell klar, wie hart die Menschen hier von jeher ums Überleben kämpfen mussten. Und doch sind sie stolz auf ihre Heimat, auf die Landschaft mit steilen Klippen aus weißem Kalkstein und schwarzem Schiefer im Hinterland, mit dem stürmischen Meer und trockener Erde.

● Museu do Mar e da Terra da Carrapateira, Rua do Pescador, 8670-230 Carrapateira
www.pontaldacarrapateira.com
● ÖPNV: Bus 22, Haltestelle Carrapateira

MUSEU DO MAR E DA TERRA DA CARRAPATEIRA
CARRAPATEIRA MUSEUM OF SEA AND LAND
Proud of their origins, the villagers have fulfilled their dream of honouring the land where they were born. And thus the museum was born. A living space, where the history of these people connected to the land and the sea meets the singularity of the local nature. Come and explore the identity of the village with "Jonas the whale" through a path of contrasts among different artefacts and ways of living
MUSEO DEL MAR Y LA TIERRA DE CARRAPATEIRA
Descubra mais aqui

Reise in vergessene Zeiten

48 Trachten in São Brás de Alportel

Das Trachtenmuseum befindet sich im Haupthaus des ehemaligen Landguts von São Brás de Alportel. Wie durch einen Zeitreisetunnel geht es in den einzelnen Sälen in die Vergangenheit der Algarve. Mit Liebe zum Detail gekleidete Puppen verkörpern verschiedene Epochen aus der Geschichte der Algarve.
Ursprünglich gehörte das großzügige Anwesen einem wohlhabenden Korkhändler. Der Familie ging es so gut, dass sie sogar eine eigene Bank eröffnete. Selbst als in einer schweren Finanzkrise die Bank schließen musste, war nicht aller Reichtum verloren. Doch Mitte des letzten Jahrhunderts blieb die Familie ohne Nachwuchs, und das Anwesen wurde verkauft. Zum Glück für São Brás de Alportel und die Besucher der kleinen Stadt richtete man das Museu do Traje ein. Neben den liebevoll präsentierten Trachten und alten Kostümen kann man handgefertigte Marionetten aus recycelten Materialien bestaunen, die in den Räumen platziert wurden, um verschiedene Bräuche der Region darzustellen. So erinnern zwei Nonnen beispielsweise daran, dass die meisten der traditionellen Süßigkeiten Portugals ursprünglich in Klöstern „erfunden" wurden. Auf der Fensterbank der originalgetreu eingerichteten Küche finden sich kleine Körbe mit Produkten der Algarve, wie Mandeln oder die Schoten des Johannisbrotbaums. In einer Werkstatt kann man einer Korbflechterin bei der Arbeit zusehen, und nebenan befindet sich eine Sammlung Werkzeug zur Korkbearbeitung. Auch der hübsche Innenhof, um den herum sich die verschiedenen Gebäude verteilen, kann sich durchaus sehen lassen. In der Mitte des Hofes steht ein alter Drehbrunnen, der früher mithilfe eines Esels oder eines Pferdes betrieben wurde, um das Wasser aus der Tiefe nach oben zu befördern. Freiwillige Helfer kümmern sich um den kleinen Kräutergarten, in dem zahlreiche einheimische Heil- und Küchenkräuter gedeihen. Zum Glück kann das Museu do Traje auf die Unterstützung engagierter Freunde zählen, denn hier schlägt das kulturelle Herz der Stadt.

- Museu do Traje, Rua Dr. José Dias Sancho 61, 8150-141 São Brás de Alportel
  www.museu-sbras.com
- ÖPNV: Bus 24, 61, 65, 90, 121, Haltestelle São Brás de Alportel (Terminal Antigo)

Idyllisches Fischerdorf

49 So malerisch ist Ferragudo

Zahlreiche Wohnmobile stehen auf einem Parkplatz mit Blick über die Bucht. An einem kleinen Streifen Strand zu Füßen des Parkplatzes liegen alte Fischerboote im Sand. Die dickblättrigen Pflanzen, die dem salzigen Wasser im Untergrund trotzen, gedeihen im Sand prächtig. Dazwischen liegen alte Kähne, fest vertäut, und warten darauf, eines Tages wieder aufs Meer hinauszufahren. Auf der gegenüberliegenden Seite des Hafens ziehen sich die weißen Häuser des Fischerdorfs den Hügel hinauf. Ein malerisches Postkartenidyll, das man stundenlang betrachten könnte.

Der Marktplatz, an dem sich zahlreiche Bars und Restaurants befinden, ist das Herz des Ortes. Man erreicht ihn über eine kleine Brücke. Hier wird Ferragudo lebendig. Eifrige Kellner eilen mit kühlen Getränken zwischen den Tischen umher, Kinder spielen und die Großen genießen den schönen Tag. Von diesem Platz aus ziehen sich schmale Straßen den Hügel hinauf. Auf dem höchsten Punkt Ferragudos erhebt sich seit mehr als 600 Jahren die Torre de Atalaia de Ferragudo, ein alter Wachturm. Überall in den schmalen Straßen ranken blühende Bougainvilleen als bunte Farbkleckse über die weißen Mauern der dicht an dicht stehenden Häuser. Nach etwa 5 Minuten Fußweg gelangt man zu der hell über die Bucht strahlenden Igreja de Nossa Senhora da Conceição, von der aus man einen tollen Blick auf die Bucht hat. Am gegenüberliegenden Ufer erheben sich die hohen Gebäude von Portimão in den blauen Himmel. Zum Glück sind die Häuser auf dieser Seite der Bucht jedoch nicht so hoch. Die ein- und zweistöckig gebliebenen Gebäude Ferragudos passen viel besser zu den seicht im Hafen dümpelnden Fischerbooten und dem gemütlicheren Rhythmus des Dorfes.

An der Kirche vorbei geht es zu den größten Stränden Ferragudos, der Praia da Angrinha und der Praia Grande. Als ob es über die fröhlich im Wasser Badenden wachen wollte, erhebt sich inmitten der sandigen Küste das alte Castelo de São João do Arade zwischen den Stränden.

● Marktplatz Ferragudo, Praça Rainha Dona Leonor 5, 8400-234 Ferragudo
● ÖPNV: Bus 52, 110, Haltestelle Ferragudo (Largo do Regato)

WILDWATCH

Salzige Meeresblumen

50 Weiße Berge in Castro Marim

Zu Füßen der alten Templerburg von Castro Marim erstrecken sich die Salzbecken in der flachen Ebene. Große und kleine, leere und geflutete Becken reihen sich aneinander, dazwischen ragen weiße Hügel aus der Landschaft. Hell wie Schnee strahlen die Berge aus Salz im Sonnenschein. Bereits die Römer und Phönizier bauten hier Kanäle zur Salzgewinnung, Könige erhoben Steuern und Zölle auf das Mineral. Wer damit handelte, konnte zu großem Reichtum gelangen. Salz war immer schon wertvoll.

An der östlichen Algarve wird Meersalz von Juni bis September gewonnen, denn die traditionelle Produktion ist vom Sonnenschein abhängig und funktioniert nicht bei Sturm und Regen. In den Sommermonaten werden die Becken mit salzigem Meerwasser geflutet. Durch die Wärme der Sonne verdampft ein Teil davon, sodass die zurückbleibende Flüssigkeit einen höheren Salzgehalt hat als die vorherige. Anschließend wird sie in ein neues Becken geleitet, bis wiederum ein Teil verdampft und der Salzanteil vergrößert ist. Es erfordert Geduld und Zeit, bis die Konzentration so hoch ist, dass das weiße Kristall geerntet werden kann.

Nach etwa 2 Wochen bilden sich kleine Salzblüten an der Wasseroberfläche. Jeden Morgen werden diese schwimmenden Kristalle abgeschöpft. Während man den zarten Blumen früher kaum Beachtung schenkte, wird das „Flor de Sal“ genannte Salz heute besonders geschätzt. Statt die weißen Hügel nur aus der Ferne zu bewundern, kann man an einer kleinen Hütte, umgeben von traditionellen Salzbecken, hautnah miterleben, wie die Kristalle aus dem Meerwasser gewonnen werden. Jorge Raiado erklärt mit viel Liebe und Leidenschaft, wie die traditionelle Salzgewinnung funktioniert. Ein Rundgang durch seine Salinen ist nicht nur unterhaltsam, sondern auch sehr lehrreich. Bei einer Verkostung schmeckt man zudem, warum das so produzierte Salz die harte Arbeit lohnt. Mit etwas Glück kann man selbst ein paar der hübschen Salzblumen schöpfen, die in der Hand wie Diamanten glitzern.

- Insonso Sal Marim, Salina do Moinho das Meias Apartado 42, 8951-909 Castro Marim, www.salmarim.com
- ÖPNV: Bus 32, 34, 73, 119, Haltestelle Castro Marim (Revelim)

o armazém

Vom Erdbeerbäumchen

51

Die Medronho-Brauereien in Monchique

Wenn im Winter die Früchte des Erdbeerbäumchens reif sind, braut man an der Algarve einen traditionellen Obstschnaps, den Medronho. Sobald gegen Ende Oktober die gelben, orangen und roten Kugeln am Wegesrand leuchten, beginnt die Zeit der Ernte. Da die Früchte des Erdbeerbäumchens jedoch nicht alle zur gleichen Zeit heranreifen, müssen sie von Hand gepflückt werden. Ein einzelner Baum kann daher drei- oder sogar viermal abgeerntet werden.

Medronho wird hier nicht im industriellen Maßstab, sondern in kleinen, privaten Destillerien gebraut. Bis heute ist die Herstellung des Obstschnapses eine Familienangelegenheit. Das ist auch der Grund dafür, dass man echten Medronho nicht im Supermarkt, sondern nur in speziellen Läden oder beim Hersteller selbst kaufen kann.

TIPP

Die Früchte kann man auch roh essen oder Marmelade daraus kochen.

Eine dieser kleinen Brennereien ist die von Jose Paolo Nunes und seiner Frau Elena. Vor den Toren Monchiques fermentieren die Früchte ein paar Monate lang in riesigen Holzfässern, bis im Frühjahr die eigentliche Destillation beginnt. In einem großen Ofen wird aus den fermentierten Früchten ein Brei gekocht. Der dabei aufsteigende Dampf wird aufgefangen und über eine Apparatur weitergeleitet, bis er kondensiert. Aus diesem Kondensat entsteht schließlich der Medronho. Bei Jose und Elena darf man nach der Besichtigung auch das Ergebnis ihrer mühevollen Arbeit verkosten. Außer dem klaren Medronho kann man eine weitere Spezialität, den goldgelben Meloso, probieren. Der wird ganz ähnlich hergestellt wie Medronho, aber mit Honig und Zimt gewürzt. Elena reicht dazu hausgemachtes Gebäck, das mindestens so lecker schmeckt wie der Schnaps des Erdbeerbäumchens. Es ist ein echtes Glück, dass die jahrhundertealte Tradition des Medronhobrauens sich bis in unsere Zeit gehalten hat. Kaufen kann man Elenas und Joses Medronho sowie die Produkte anderer Destillerien in der Loja do Mel e do Medronho, einem kleinen Laden auf dem zentralen Dorfplatz, direkt neben dem lustig sprudelnden Brunnen mit den bunten Figuren.

- Loja do Mel e do Medronho, Largo 5 de Outubro, 8550-462 Monchique
- ÖPNV: Bus 19, 92, 94, Haltestelle Monchique (Largo dos Chorões)

Katzenglück im Hafen

52 Dinospuren in Salema

Spannender, als Muscheln zu sammeln, sind die Fußabdrücke der Dinosaurier, die zwischen den Felsen am Strand von Salema versteckt sind. Am besten erkennt man die urzeitlichen Spuren, wenn man die hölzerne Treppe vom Parkplatz neben der kleinen Kirche hinabsteigt und der Blick von oben auf das Felsplateau mit den vogelfußartigen Abdrücken fällt. Eindrucksvoll hat die Natur hier einen einzigen Moment festgehalten, in dem vor 150 Millionen Jahren ein Dinosaurier auf zwei Beinen am Strand entlanglief.

Bis in die 80er-Jahre fanden nur wenige Rucksacktouristen den Weg nach Salema, in das kleine Fischerdorf westlich von Lagos. Doch schon bald hielten auch hier zahlreiche Pensionen und Ferienwohnungen Einzug. Dank der Tatsache, dass der Ort zum Naturpark der Costa Vicentina gehört, konnte Salema jedoch seinen dörflichen Charakter bis heute bewahren. Aufgrund der strengen Bestimmungen, die im Naturpark gelten, darf hier glücklicherweise nicht so hoch und nicht so viel gebaut werden wie anderswo. So ist Salema ein echtes Fischerdorf geblieben. Tagtäglich fahren die Männer mit ihren Kuttern aufs Meer hinaus. Ein Traktor schiebt die Boote in die Wellen und holt sie wieder an den Strand, wo sie entladen werden. Frühmorgens kann man die Männer dabei beobachten, wie sie am Strand ihre Netze säubern und die Boote instand halten. Wenn die Kisten mit dem frischen Fang an Land gebracht werden, duftet es in dem kleinen Hafen nach Meer und Urlaub. Dieser Geruch von Fisch, Meersalz und Motoröl ist besonders für Katzen unwiderstehlich. Wie magisch angezogen, schleichen sie sich hungrig in den Hafen, um etwas von dem Fisch zu stibitzen. Manchmal haben sie tatsächlich Glück. Wenn die Männer einen guten Tag hatten, werfen sie den felligen Räubern etwas zu. Die älteren Fischer, die nicht mehr selbst aufs Meer fahren, sitzen auf einfachen, weißen Plastikstühlen und rauchen schweigend mit unbewegtem Blick. Aufmerksam beobachten sie das Geschehen im Hafen. Geredet wird dabei nicht viel.

- Praia da Salema, Rua dos Pescadores 101, 8650-195 Salema
- ÖPNV: Bus 47, Haltestelle Salema

Gemütliche Stube

53

Die Taverne der Fischer von Olhão

In einer Gasse des Fischerviertels nahe den Markthallen zieren sieben weiße Sterne eine unscheinbare Taverne. Diese sieben Sterne an der grünen Tür erinnern an das Sternbild der Osa Mayor, des großen Wagens. Das kleine Gebäude liegt nicht weit vom Hafen entfernt und diente ursprünglich dazu, Fisch zu trocknen und zu salzen, um ihn für den Winter haltbar zu machen. Als später große Fabriken diese Arbeit erledigten, bewahrte die Besatzung des Fischkutters Sete Estrelas hier ihre Netze auf. Die Männer benannten das Haus nach ihrem Boot, auf dem sie gemeinsam zur See fuhren: „Sieben Sterne".
Als Mitte des letzten Jahrhunderts ein junger Mann aus dem Norden Portugals an die Algarve kam, kaufte er das kleine Haus und richtete darin eine Taverne ein. Aus seiner Heimat brachte er riesige Eichenfässer mit, die er hinter dem Tresen aufstellte und daraus den Wein zapfte. Die Menschen fanden schnell Gefallen an der Schankstube. Früh am Morgen, noch vor Sonnenaufgang, trafen die Fischer sich, ehe sie in See stachen. An ein hartes Leben gewöhnt, vertrugen sie auch um 5 Uhr morgens schon einen guten Schluck, um warm zu werden. Schließlich mussten sie manchmal bis vor Marokko segeln, um ihre Netze zu füllen. Mit dem Ende der Fischkonservenindustrie wurde es auch im Sete Estrelas ruhiger. Die Fischer treffen sich noch immer, aber nicht mehr so früh. Das Ambiente ist dennoch authentisch geblieben. Die Taverne ist kein schicker, angesagter Laden. Man sitzt auf einfachen, hölzernen Hockern. Die portugiesische Flagge, alte Tonkrüge und jede Menge Fotos des lokalen Fußballvereins verschönern die Wände und dienen als Dekoration. Auf dem Tresen vor den riesigen Eichenfässern thront ein dicker Schinken. Rustikale einfache Petiscos, wie Polvo Estufado, Tintenfisch oder Cozido de Grão, ein Eintopf mit Kichererbsen und deftigem Bauchfleisch, begleiten heute wie früher den Wein vom Fass. Gemeinsam lassen die wortkargen Männer es sich hier schmecken, glücklich darüber, gesund an Land zu sein.

- Sete Estrelas, Travessa Alexandre Herculano 4, 8700-361 Olhão
- ÖPNV: Zug Linha do Algarve, Haltestelle Olhão, 850 Meter zu Fuß

Auf dem Bauernmarkt

54 Die neo-maurische Markthalle in Loulé

Schon 1908, kurz nach der letzten Jahrhundertwende, als die neue Markthalle von Loulé feierlich eingeweiht wurde, war sie ein echter Hingucker. Der elegante Bau galt als ein Prestigeobjekt, mit dem die Stadt zeigen wollte, was sie sich leisten konnte. Der neo-maurische Architekturstil unterstrich die Exklusivität der Markthalle, denn Loulé war auch vor 100 Jahren schon eine ziemlich wohlhabende Gemeinde. Heute wie damals kaufen die Einheimischen ihre Lebensmittel auf dem zentralen Markt. Es gibt frischen Fisch wie Seezunge, Schwertfische, Goldbrassen oder Muscheln und Meeresfrüchte. Hunderte Obst- und Gemüsesorten werden in bunter Vielfalt angeboten. Doch der wichtigste Markttag ist der Samstag, wenn rings um die maurisch anmutenden Türmchen des Mercado Municipal zahlreiche Stände von Kleinbauern aufgebaut werden. Die Anbieter lokaler Produkte reisen aus der gesamten Umgebung an, um hier in Loulé Äpfel, Bananen, Süßkartoffeln, Rote Bete, Rettich, Granatäpfel, Cherimoyas, Mandeln oder Feigen zu verkaufen. Allein die unglaubliche Auswahl an frischen Lebensmitteln der Region lohnt einen Bummel über den Markt. An einem der Stände vor der Markthalle bietet ein älterer Herr die Früchte des Johannisbrotbaums an. Die schwarzen Schoten zählen zu den Spezialitäten der Algarve. Aus den wertvollen Samen wird Kosmetik hergestellt, die Schote wird zu Mehl gemahlen, das zum Kuchenbacken, als Schokoladen- oder sogar als Kaffeeersatz verwendet wird. Gleich nebenan verkauft eine rundliche Frau mit freundlichem Gesicht Marmeladen und diverse Sorten Medronho, den selbst gebrannten Schnaps aus den kleinen, stacheligen Früchten, die im Spätherbst rot, gelb und orange an den Bäumen leuchten. Getrocknete Feigen sind mit Mandeln zu hübschen Blumen verflochten, es gibt getrockneten Oregano, Honig, Wurst und handgearbeitete Körbe. Seit die Markthalle 2020 frisch restauriert wurde, laden zwei schicke Bistro-Restaurants in der Mitte des Marktes zum Essen ein.

● Mercado Municipal de Loulé, Rua José Fernandes Guerreiro 34, 8100-535 Loulé
● ÖPNV: Bus Linha Azul, Haltestelle Hospital

Wildromantische Küste

55 Romantik am Abend bei Monte Clérigo

Bei Ebbe sammelt sich das Wasser rund um Monte Clérigo in kleinen Becken. In diesen geschützten Swimmingpools können die Kinder glücklich planschen, während es die Großen auf die Wellen hinauszieht. Ursprünglich war die Siedlung gar kein eigenes Dorf, sondern eine Ansammlung von Ferienhäusern, die offiziell zu Aljezur gehörten. Doch im Laufe der letzten Jahrzehnte haben sich einfach immer mehr Leute an dem malerischen Strand niedergelassen, viele nette Restaurants und ein paar kleine Läden haben eröffnet. Tagsüber toben die Kinder im Sand, und Surfer stürzen sich mit ihren Brettern ins Meer. Wenn es am Abend langsam dunkel wird und der Strand sich leert, kann man in einem der Restaurants wie dem O Zé oder dem kleinen A Rede gemütlich beisammensitzen und ein Gläschen Wein mit Blick auf das brausende Meer trinken.

Von Monte Clérigo aus führt ein Wanderweg durch üppig wachsendes Grün zur Ponta da Atalaia. Bei einem Spaziergang zu den Ruinen von Arrifana findet man in dieser unberührten Naturlandschaft zu jeder Jahreszeit bunte Blüten, Grasnelken und weiße Krähenbeeren, die man sogar essen kann.

Wer Sonnenuntergänge mag, sollte es auf keinen Fall verpassen, die rote Himmelskugel zwischen Monte Clérigo und der Praia da Amoreira im Meer versinken zu sehen. Nahe dem großen Strand nördlich von Monte Clérigo mündete einst der Fluss, der bis nach Aljezur führte, ins Meer. Zu Zeiten der maurischen Herrscher lagen hier große Schiffe vor Anker, deren Ladung für den Hafen von Aljezur bestimmt war. Heute führt die Ribera de Aljezur längst nicht mehr genug Wasser, um von Schiffen befahren zu werden, und auch der Hafen ist verschwunden. Stattdessen gibt es entlang der kleinen Straße ein paar Holzstege, die durch die Dünen hindurch zum Sandstrand hinunterführen. Wenn man sich dort ein gemütliches Plätzchen sucht, kann man einen wildromantischen Sonnenuntergang erleben und dabei links den schönsten Blick auf die Bucht und die Häuser von Monte Clérigo genießen.

- Praia de Monte Clérigo, 8670-156 Aljezur
- ÖPNV: Bus 79, Haltestelle Praia Monte Clérigo

Hoch hinaus

56 Kunst auf dem Gipfel bei Monchique

Die höchste Erhebung der Algarve ist der Fóia. Auf der Aussichtsplattform in 902 Metern Höhe bietet sich ein toller Blick über die weite Ebene bis hin zum Meer. Weit unten an der Küste kann man das Flussdelta des Rio Arade erkennen. Sogar Portimão und Lagos sind von hier aus zu sehen. Aber nicht alle Besucher kommen wegen der Aussicht hierher. Radfahrer und Wanderer starten auf dem Fóia ihre Touren durch die Serra del Monchique. Wer nicht gleich durch die ganze Serra wandern möchte, kann auf dem Trilho da Fóia, einem Rundweg, einfach einmal um den Gipfel herumlaufen und dabei die Flora Monchiques erkunden.

Und dann gibt es da noch das Artesanato Monchique Crafts. Der kleine Laden ist eine Art Schaufenster, das zeigt, wie lebendig viele alte Kunsthandwerke hier noch sind. An den Verkaufsständen werden Andenken aus traditionellen Materialien wie Kork, Holz, Glas, Stein oder Weidenruten angeboten. Es ist erstaunlich, was in Monchique noch in Handarbeit produziert wird, während Korbflechter oder Glasbläser anderswo längst ausgestorben sind. Es ist ein wahres Glück, dass man sich an der Algarve so bewusst um den Erhalt alter Berufe kümmert und dafür sorgt, dass die über Jahrhunderte gesammelten Erfahrungen nicht für immer verloren gehen. Man sieht den Produkten an, dass sie mit Liebe zur Region und zum Material gefertigt wurden. Die Seele der Landschaft spricht aus den hier ausgestellten Vasen, Taschen, Flaschen, Bildern und Schmuckstücken.

Wie alle Kunsthandwerker, die auf dem Fóia ihre Werke anbieten, hat auch der 80 Jahre alte Senhor Rosa seine Werkstatt unten im Dorf. Dort legt er junge Weidenruten ins Wasser, damit sie biegsam bleiben, kurbelt an einer alten Walze, presst und schneidet das Material zurecht, um daraus traditionelle Körbe in verschiedenen Größen, aber auch modern designte Picknicktaschen zu formen. Seit vielen Jahren flicht er in Monchique tagtäglich Korbwaren, die er später dann in dem kleinen Laden auf dem Berg verkauft.

TIPP

Trilho de Fóia ist ein Rundweg von ca. 7 Kilometern, gekennzeichnet als PR 3.

● Artesanato Monchique Crafts, N 266-3, 8550-274 Monchique

Maurisches Erbe

57 Burg und Bäder von Loulé

Im „maurischen Viertel“ Loulés geht es ruhig zu. Viele der alten Häuser stehen heute leer. Doch bis ins 13. Jahrhundert lag hinter den schützenden Burgmauern das betriebsame Zentrum der maurischen Siedlung al-Ulya. Die mächtigen Türme des Castelos stammen allerdings aus der Zeit nach der christlichen Eroberung. In den Räumen der Burg ist ein kleines Museum untergebracht, in dem man die archäologischen Funde eines ganz besonderen Dinosauriers bestaunen kann: Der Metaposaurus algarvensis lebte vor mehr als 200 Millionen Jahren an der Algarve.

Auf den Fundamenten einer maurischen Moschee errichtete man die Igreja Matriz de São Clemente. Direkt gegenüber liegt die kleine Parkanlage des Jardim dos Amuados. Von hier aus kann man den kuppelartigen Bau der Nossa Senhora da Piedade, einer der wichtigsten Wallfahrtskirchen der Algarve, erkennen. Der Blick reicht über die gesamte Ebene bis zum Meer. Möglicherweise befand sich schon zu Zeiten der Mauren an dieser Stelle ein Garten, und der Kalif wandelte zwischen blühenden Blumen und Quellen frischen Wassers umher. Wasser gibt es in Loulé nämlich reichlich. Am Largo Dom Pedro befindet sich ein Brunnen, der selbst im heißesten Sommer noch Wasser führt. Hinter den Wasserspeiern dieser alten Quelle stieß man vor ein paar Jahren auf die Ruinen eines arabischen Badehauses.

Der glückliche Fund ist ein besonderer Schatz, denn maurische Bäder oder Banhos Islâmicos, wie die Portugiesen sagen, sind heute selten zu finden. Zur Zeit der Kalifate muss es viele dieser Badehäuser im ganzen Land gegeben haben, doch lediglich in Lissabon konnte man bisher Überreste eines solches Hamams zutage fördern. Voller Stolz legte man in Loulé daher die Heiß- und Kaltbaderäume frei, die hier viele Jahrhunderte unter der Erde begraben lagen. Ein Teil der Therme, der unter einem leer stehenden Haus versteckt war, konnte restauriert und für Besucher zugänglich gemacht werden, andere Teile des Hamams liegen noch unter der Straße verborgen.

- Castelo de Loulé, Rua Dom Paio Peres Correia 17, 8100-606 Loulé
  www.cm-loule.pt/pt/150/castelo-de-loule.aspx
- ÖPNV: Bus Linha Amarela, Haltestelle Largo Dr. Bernardo Lopes

Wilde Wellen

58 Wanderung zur Torre da Aspa

Wandert man von Vila do Bispo zur Costa Vicentina, gelangt man zur Torre da Aspa. Es gibt Orte auf der Welt, an denen man die Naturgewalt nicht nur sehen, sondern spüren und sogar riechen kann. Oben an den Klippen der Torre da Aspa ist so ein Ort. Wenn der tobende Atlantik seine wuchtigen Wellen eindrucksvoll auf die schroffen Felsen prallen lässt und sich der Geruch salzigen Meerwassers mit den Düften wilder Kräuter vermischt, spürt man die ungestüme Kraft der Natur. Wie an vielen Orten in der Algarve wachsen auch hier auf der Hochebene überall wilde Zistrosen. Wenn man geschickt genug ist, kann man die harten Kapseln dieser Blume, die auf Portugiesisch „Flor de Esteva“ genannt wird, wie kleine Kreisel tanzen lassen.

Im 16. Jahrhundert befand sich hier oben ein Wachturm, die Torre de Aspa. Früher war es für die Menschen lebenswichtig, das Meer und die umliegenden Strände im Blick zu haben. Von diesem hoch gelegenen Punkt aus konnten sie Gefahren früh erkennen und die Bevölkerung rechtzeitig vor möglichen Überfällen warnen. Wo einst der alte Wachturm stand, erhebt sich heute ein weißer Obelisk in den wolkenlosen Himmel. Als geodätischer Messpunkt kennzeichnet er ganz offiziell den mit 156 Metern höchsten Punkt der Küste.

Nahe den Klippen steht ein verlassenes Zollgebäude am Wegesrand. Bunte Graffitis, Herzen und Liebesschwüre zieren die Wände des leer stehenden Hauses. Die Zollbeamten hatten damals vermutlich ganz ähnliche Aufgaben wie die Soldaten des alten Wachturms, nämlich die umliegenden Strände im Auge zu behalten. Da es an der Costa Vicentina zum Glück schon lange keine Piratenüberfälle mehr gibt, hielten die Zöllner vermutlich eher nach Schmugglern Ausschau. Heute trifft man an diesem einsamen Fleckchen Erde mit dem fantastischen Ausblick vor allem Naturliebhaber, Wanderer oder verliebte Pärchen, die eng aneinandergekuschelt auf den Felsen sitzen, andächtig zusehend, wie die Sonne den Himmel orange färbt und schließlich im Meer versinkt.

TIPP

Mit Wanderapps ist der Aussichtspunkt gut zu finden.

● Torre da Aspa, 8650-286 Vila do Bispo

Eine Mühle am Meer

59 Die Gezeitenmühle in Olhão

Viele Jahrhunderte bestimmten die Gezeiten das Leben der Menschen in der Gegend. Um aus ihrem Getreide feines Mehl zu mahlen, nutzten sie die Kraft des Meeres. Bei der Gezeitenmühle (portugiesisch: Moinho de Maré) der Quinta de Marim wurden die schweren Mühlsteine nicht mithilfe des Windes oder eines Wasserrades angetrieben, sondern einzig und allein durch die Gezeiten bewegt. Ein hydraulisches System nutzte die bei der Bewegung der Wassermassen entstehende Energie: Bei Flut konnte der Müller das vom Atlantik einströmende Meerwasser in einem riesigen Becken von der Größe eines kleinen Sees auffangen. Durch das Herabsinken einer Klappe bei nachlassendem Wasserzufluss verschloss sich die Schleuse automatisch, und das Wasser staute sich in dem Becken hinter der Mühle. Wenn der Müller bei Ebbe die angestauten Wassermassen wieder zurückströmen ließ, setzten sie auf ihrem Weg ins Meer das Mühlrad in Gang. Das war eine kostengünstige und sehr umweltfreundlich Art der Energiegewinnung.
Heute liegt die alte Mühle in einem geschützten Areal des Naturparks Ria Formosa, das man zum Glück nicht mit dem Auto erreichen kann. Pkws müssen am Eingang des Parks abgestellt werden; zur Moinho de Maré gelangt man nur zu Fuß oder mit dem Fahrrad. Bei dem Spaziergang dorthin kann man die Tier- und Pflanzenwelt der geschützten Naturlandschaft bewundern. Die zahlreich wachsende Zwergstechpalme ist die einzige autochthone Palmenart der Algarve. Alle anderen Palmen sind erst später hierhergekommen. Auch Mastixsträucher, deren Früchte die Fischer einst wegen ihrer betäubenden Wirkung gern beim Fischfang einsetzten, gedeihen hier prächtig. Bei Ebbe kann man im Watt manchmal sogar Winkerkrabben mit ihren ungleich großen Scheren entdecken. Falls es zum Kampf mit einem Rivalen kommt, müssen sie mit diesen Zangen ihr Revier verteidigen. Ihren Namen verdanken sie jedoch der winkenden Bewegung, mit der die männlichen Krabben zur Paarungszeit versuchen, die Weibchen anzulocken.

- Centro de Educação Ambiental de Marim, Moinho de Maré de Marim, 8700-221 Olhão
- ÖPNV: Bus Linha Verde, Haltestelle Parque de Campismo, 800 Meter zu Fuß

Gebäck wie zu Omas Zeiten

60

Süßes aus São Brás de Alportel

Ende der 80er-Jahre eröffnete Valentina Miguel die kleine Konditorei A Ti Marquinhas in São Brás de Alportel, in der sie traditionelle Küchlein und Gebäck wie zu Omas Zeiten herstellt. Nach althergebrachten Rezepten wird hier mit regionalen Zutaten der Algarve und viel Liebe gebacken. Heute verkauft Valentina ihre Produkte nicht nur an Leckerschnuten, die an ihrem kleinen Hofladen vorbeikommen, sondern beliefert auch Hochzeiten und andere Festlichkeiten aus ihrer Backstube.

Die vielen leckeren Kuchen aus Feigen und Mandeln verströmen einen köstlichen Duft, sobald man sich dem A Ti Marquinhas nähert. Auf einen speziellen Kuchen, die Três Delícias do Algarve, ist Valentina besonders stolz, denn er präsentiert die typischen Früchte der Region: Mandeln, Feigen und die Frucht des Johannisbrotbaums beziehungsweise das Mehl, das daraus gewonnen wird. In der Auslage gibt es neben diesen „Drei Köstlichkeiten der Algarve" und den typischen Mandel- und Vanilleküchlein auch so romantisch klingendes Gebäck wie den Liebespudding Pudim do Amor. Ein ganz besonderer Schatz sind die bunten Dom Rodrigos, eine selten zu findende Leckerei, denn es ist unglaublich aufwendig, und man braucht viel Zeit, um diese süßen Nester herzustellen. Eierfäden werden in Zuckerwasser gekocht, später kommen noch Mandeln und Zimt dazu, und ganz zum Schluss werden die fertigen Nester in buntes Alupapier eingewickelt. Wer das Glück hat, frische, hausgemachte Dom Rodrigos, so wie hier in São Brás de Alportel, zu finden, der sollte diese süßen Leckerbissen unbedingt probieren.

Im Sommer, wenn die Menschen aus aller Welt an die Strände der Algarve strömen, ist auch in Valentinas kleiner Backstube und dem Laden viel los. Valentina ist es besonders wichtig, stets mit Produkten der jeweiligen Jahreszeit zu arbeiten. Dafür denkt sie sich auch neue Rezepte aus, die sie ihren anspruchsvollen Kunden neben den traditionellen Leckereien präsentiert. Die Torte der drei Köstlichkeiten hat sie sich sogar patentieren lassen.

- A Ti Marquinhas, Rua Luís Bívar 80, 8150-156 São Brás de Alportel
- ÖPNV: Bus 24, 61, 65, 90, 121, Haltestelle São Brás de Alportel (Terminal Antigo)

Gigantische Klippen

61 Lagos faszinierende Landzunge

Fast schon demütig fühlt man sich angesichts der mächtigen Felsen, die wie steinerne Kathedralen aus dem Meer herausragen. Auf der Landzunge vor Lagos kann man fast zu jeder Jahreszeit die Aussicht genießen. Den Namen Ponta da Piedade, Brücke der Barmherzigkeit, hat dieses eindrucksvolle Fleckchen Erde jedoch einer stürmischen Legende zu verdanken. Eines Tages sollen zwei Fischer aus Lagos auf hoher See in ein schweres Unwetter geraten sein. Die Männer waren bereits auf dem Weg nach Hause und bangten um ihr Leben, denn sie konnten beide nicht schwimmen. In ihrer Not beteten sie zur Nossa Senhora da Piedade, Unserer Lieben Frau der Barmherzigkeit, und baten um Rettung. Die heilige Mutter Gottes hatte Erbarmen und führte die Fischer genau an dieser Stelle ans rettende Ufer. Aus lauter Dankbarkeit errichteten die Männer eine kleine Kapelle und widmeten sie Nossa Senhora da Piedade. Als im Jahr 1913 dort, wo bis dahin die schlichte Kapelle gestanden hatte, ein Leuchtturm errichtet werden sollte, musste das Gotteshaus dem Leuchtfeuer weichen. Lediglich der Name der Kapelle blieb, O Farol da Ponta da Piedade.

Heute pilgern Menschen aus der ganzen Welt zu den eindrucksvollen Grotten und Felsentoren der Ponta da Piedade. Manche steigen langsam und bedächtig die beinahe 200 in den Stein gehauenen Stufen hinab. Andere wiederum können es gar nicht erwarten, diesem abstrakten Kunstwerk der Natur so nah wie möglich zu kommen, und nehmen die erst 2004 gebaute Treppe in die surrealistisch anmutende Welt sogar im Laufschritt. Wenn es die See zulässt, kann man in den Sommermonaten an ruhigen Tagen mit einem kleinen Fischerboot eine Ausflugstour durch die Grotten machen und das Naturspektakel vom Meer aus bewundern. Wie steinerne Finger wirken die schroff aus dem Wasser ragenden Felszacken. Wer in der Nebensaison unterwegs ist, kann sich glücklich schätzen, den Zauber der Felsen in Ruhe erleben zu können, denn dieser Teil der Steilküste gilt zu Recht als einer der schönsten.

TIPP

Es lohnt ein Abstecher an die Praia do Camilo, zu der eine malerische Holztreppe hinabführt.

- Ponta da Piedade, Estrada da Ponta da Piedade, 8600-544 Lagos
- ÖPNV: Lagos Tourist Train, Haltestelle Ponta da Piedade

Ein zweites Leben

62

Nachhaltige Töpferei in Monchique

Versteckt hinter einem grünen Innenhof voller Pflanzen liegen der Laden und die Werkstatt der Töpferei Leonel Telo. Das kleine Atelier ist Arbeitsstätte und Verkaufsraum zugleich. Hier zeigen Meister Leonel und seine Tochter Magdalena gemeinsam ihre Werke. Die reichen von bunten Schalen, Tellern, Tassen, Kannen und Töpfen bis hin zu Wandkacheln, Lampen und Waschbecken. Blau, grün und rot, mit Punkten und Kreisen oder einfarbig in schlichtem Beige. Doch statt in einem leuchtend bunten Farbenmix strahlen die Glasuren der Töpfe und Teller ganz harmonisch in unterschiedlichen Naturtönen.
Außer den typischen Schalen und hübschen Figuren findet man hier noch etwas ganz Besonderes. Magdalena kreiert nämlich spezielle Keramiklöffel mit hölzernem Griff. Hinter diesem Entwurf steckt ein wunderbarer Gedanke, denn das Holz, das sie für diese Löffel verwendet, stammt von verbrannten Bäumen. Leider kam es in der Serra de Monchique vor ein paar Jahren zu einem schweren Brand, der in der ganzen Region großen Schaden anrichtete. Doch die Menschen hielten zusammen, halfen sich gegenseitig, pflanzten neue Bäume und bauten alles, so gut es ging, wieder auf. Um den verbrannten Bäumen ein zweites Leben zu geben, beschloss Magdalena, etwas Nützliches aus dem Holz zu machen. Sie entfernte die verbrannten, schwarzen Stellen und verarbeitete den noch brauchbaren Teil zu Löffelstielen. Diese Idee macht deutlich, wie sehr die Menschen in Monchique ihre unmittelbare Umgebung wertschätzen. Magdalenas Entwürfe zeugen von dem Respekt, den sie der Natur gegenüber empfindet. Für sie ist dieses Material ein wertvolles Geschenk, das wir pfleglich behandeln sollten. Die Leute im Dorf schätzen die kleine Werkstatt sehr, denn glücklicherweise wird hier alles wiederverwertet, nichts wird achtlos weggeworfen. Leonel soll selbst Scherben weiterverarbeiten und findet auch für schadhafte Teile, die wegen eines Sprungs oder eines anderen Fehlers nicht verkauft werden, garantiert noch einen Nutzen.

- Leonel Telo Cerâmica, Rua do Corro 2, 8550-422 Monchique
- ÖPNV: Bus 19, 92, 94, Haltestelle Monchique (Largo dos Chorões)

Ein typisches Dorf

63 Auf den Spuren des Espartogras in Alte

Drei große schwarze Steine sollen einmal in der Rua dos Pisadoiros gestanden haben, so erklärt es das Schild neben einem großen Bild an der Wand. Auf der glatten Oberfläche dieser Steine sollen die Frauen von Alte früher Tag für Tag das Espartogras mit einem schweren Hammer bearbeitet haben, damit sie anschließend Körbe, Taschen und Teppiche daraus flechten konnten. Die Verarbeitung des Espartograses war lange Zeit die Haupteinnahmequelle vieler Familien des Dorfes. Eine Knochenarbeit muss das gewesen sein, denn allein der Hammer wiegt mehrere Kilo, und die Frauen arbeiteten von Sonnenaufgang bis Sonnenuntergang. Doch ehe das Gras weich geklopft werden konnte, musste man das extrem harte Naturmaterial mehrere Stunden lang in Wasser einlegen, um es biegsamer zu machen. Bei einem Spaziergang durch Alte entdeckt man bis heute öffentliche Becken, die nicht dem Waschen der Wäsche, sondern dem Einweichen von Espartogras dienten. Eines befindet sich hinter dem Dorf, nahe den beiden Quellen, die im Sommer viele Besucher nach Alte locken.
An warmen Tagen planschen die Kleinen und manchmal auch die Großen, glücklich über eine frische Abkühlung, in den Wassern der Fonte Pequena und der Fonte Grande. Währenddessen watscheln schwarze Enten auf der Suche nach Würmern am Ufer entlang, und die älteren Bewohner des Ortes sitzen gemütlich im Schatten unter den Bäumen. Dank des Wasserreichtums gedeihen Gemüse und Hülsenfrüchte auf den Äckern prächtig.
Seit Alte 1938 zum typischsten Dorf der Algarve ernannt wurde, kommen in den Sommermonaten viele Portugiesen hierher. Außerhalb der Urlaubssaison geht es in dem unverfälscht gebliebenen kleinen Ort jedoch ruhig zu. Entspannt bummelt man an der Matriz-Kirche aus dem 13. Jahrhundert vorbei durch die mit Kopfstein gepflasterten Gassen. Immer wieder entdeckt man dabei Wandmalereien und Skulpturen des einheimischen Künstlers Daniel Vierara. Viele der Werke an den Wänden seines Heimatdorfes schuf er gemeinsam mit seiner Kollegin Renata Pawelec.

● Espartogras, Rua dos Pisadoiros, 8100-014 Alte
● ÖPNV: Bus 83, 89, Haltestelle Alte (Ponte)

RUA
DOS
PISADOIROS

Mission Geschmack

64 Weine aus Tôr – die Algarve in der Flasche

Weinreben umgeben das alte Landhaus in der Nähe der Aldeia da Tôr. Über 500 Jahre lang war die Quinta im Besitz derselben Familie, ehe Mario Santos den stillgelegten alten Gutshof übernahm. Er ist ganz in der Nähe aufgewachsen, und es war ihm eine Herzensangelegenheit, den Duft und die Aromen seiner Kindheit zu bewahren. Die ganze Familie packte bei dem Projekt mit an, um aus der Quinta da Tôr ein Weingut zu machen. Bei einer Führung durch die Anlage zeigt seine Tochter Caterina nicht nur die Weinreben, sondern auch den Weinkeller. Den ließ Mario extra so in den Berg hineinbauen, dass er die Naturlandschaft nicht stört und gleichzeitig die Kühle des Erdbodens ausnutzt. Drinnen, wo der Wein in schweren Eichenfässern heranreift, herrscht stets die exakte, immer gleich bleibende Temperatur, die der Wein zum Reifen braucht.

Nach 2 Jahren harter Arbeit war es dann so weit. Die Reben hatten reichlich Früchte getragen, und die warme Sonne der Algarve hatte den Trauben die nötige Süße verliehen. Der erste selbst produzierte Wein konnte abgefüllt und verkauft werden. Allerdings hatte die Sonne es fast schon zu gut mit der Quinta da Tôr gemeint. Der erste Rotwein hatte satte 17 Prozent Alkoholgehalt, was deutlich mehr ist, als ein durchschnittlicher Rotwein haben sollte. Doch die Befürchtung, dieser Wein würde wenig Absatz finden, traf nicht ein: Schon nach 2 Monaten war die Produktion ausverkauft, die Regale waren leer. Vielleicht ist dieser Wein auch gerade deshalb so beliebt, weil er anders und authentisch ist. Mit jedem Jahr lief es besser, die Produktion wurde erweitert, neue Weine wurden kreiert. Mittlerweile gibt es außer den roten und weißen Weinen auch Rosé.

Die Weinlese beginnt früh an der sonnenverwöhnten Algarve. Bereits Anfang August werden in der Quinta da Tôr wieder schöne Erinnerungen in Flaschen gefüllt, damit auch andere Menschen die Algarve so erleben können, wie die Familie Santos sie kennt und liebt – als entspanntes Landleben mit viel Natur.

- Quinta da Tôr, EM525 9, 8100-397 Morgado da Tôr
www.quintadator.com
- ÖPNV: Bus 72, 83, Haltestelle Morgado da Tôr

QUINTA DA TOR
VINHO REGIONAL ALGARVE
ALC. 17% VOL
SYRAH
VINHO TINTO • RED WINE
2019

Die Stadt des Marquis

65 Der Obelisk von Vila Real de Santo António

Früh am Morgen ist es noch leer auf dem großen Platz. Vila Real de Santo António hat das Herz der Stadt ihrem Gründer, dem Marquês de Pombal, gewidmet. Der portugiesische Staatsmann war im 18. Jahrhundert die treibende Kraft hinter der Entstehung dieser Siedlung am Ufer des Guadiana. Nachdem bei einem schweren Erdbeben, das 1755 nicht nur Lissabon, sondern weite Teile der Algarve zerstört hatte, auch das kleine Fischerdorf Santo António de Avenilha dem Erdboden gleichgemacht worden war, ließ der königliche Minister in nur 5 Monaten eine neue Stadt errichten. Nach demselben Schema, das er bereits in der Hauptstadt Lissabon umgesetzt hatte, plante er auch am Ufer des Guadiana eine Siedlung im Schachbrettmuster. Der Aufbau des neuen Ortes musste zügig voranschreiten, um den spanischen Nachbarn am anderen Ufer des Grenzflusses zu zeigen, wie stark, reich und effizient Portugal war. So entstand eine prachtvolle Stadt, deren pompöse Gebäude vor allem die Bewohner des spanischen Nachbarortes beeindrucken sollten.

Heute bummeln neben zahlreichen spanischen Touristen Reisende aus der ganzen Welt durch die freundlich-hellen Straßen. Inmitten der Praça de Pombal ragt ein eleganter Obelisk in den blauen Himmel. Ringsum leuchten pralle Pomeranzen zwischen den grünen Blättern der Schatten spendenden Bäume. An einer Ecke des Platzes lockt der Duft süßen Gebäcks die Menschen in die Real Cafeteria. Hier zu sitzen und einen der kleinen Pasteis zu naschen, fühlt sich schon ziemlich nach dem Himmel auf Erden an. Während man die Mandel- oder Vanilleküchlein kostet, kann man dem bunten Treiben vor der Igreja Matriz zusehen.

Bei einem anschließenden Verdauungsspaziergang bummelt man entweder an der schicken Promenade des Guadiana entlang, vorbei am Hafen und der Fähranlegestelle, oder durch die zahlreichen Boutiquen der Stadt. Nach einem Tag in Vila Real de Santo Antonio versteht man, wieso manche Leute den Ort das „kleine Lissabon“ nennen.

- Praça do Marquês de Pombal, 8900-267 Vila Real de Santo António
- ÖPNV: Zug Linha do Algarve, Haltestelle Vila Real de Santo António, 1,4 Kilometer zu Fuß

Die Treppe der Liebespaare

66 Im Garten des Palasts von Estoi

Die blau-weiß gekachelte Doppeltreppe in der Gartenanlage des Palastes war und ist ein beliebter Platz für Hochzeitsfotos. Das behaupten jedenfalls die Einheimischen. Lange bevor in dem alten Herrenhaus ein elegantes Luxushotel einzog und die einstige Pracht des Palacio de Estoi in neuem Glanz erstrahlen ließ, trafen sich Liebespaare hier zum romantischen Stelldichein. Heute gehört der obere Teil des Gartens zum Hotel, doch der untere Bereich, in dem sich die Treppe befindet, ist öffentlich zugänglich. Unweit der Kirche von Estoi führt ein kleines Portal in die Gärten des Palastes. Vorbei an Orangenhainen gelangt man durch eine Allee zu der über und über mit Fliesen verzierten Doppeltreppe. Im Schatten der grünen Palmen stößt man überraschenderweise auf Büsten Kaiser Wilhelms und Kaiserin Augustes. Diese unerwartete Ehrung des deutschen Kaiserpaars in einem portugiesischen Garten rührt daher, dass im 19. Jahrhundert Prinz Ferdinand von Sachsen-Coburg und Gotha die vorletzte Königin von Portugal, Maria von Bragranza, geheiratet hatte.

Unterhalb der Stufen befindet sich quasi in der Mitte der Treppe ein höhlenartiger Raum, dessen Wände mit hübschen Muscheln und Mosaiken im römischen Stil dekoriert sind. Die aus Tausenden kleiner Steine bestehenden Bilder zeigen einen Drachen und einen Löwen. In der Mitte dieser romantischen Zuflucht plätschert leise das Wasser aus dem Brunnen der drei Grazien. Vorn und an den Seiten der Treppe zeigen die portugiesischen Azulejos nicht nur maurischen, sondern auch nordeuropäischen Einfluss. Die Malerei der Fliesen erinnert mehr an Delfter Blau als an die Alhambra. Steigt man die Stufen hinauf, zieren auch hier filigran gearbeitete Mosaiken im römischen Stil den Fußboden. Am oberen Teil der Treppe versperrt ein Tor den Weg. Von dort reicht der Blick weit über die Landschaft bis zur Ria Formosa. Der letzte Teil der Gartenanlage ist zwar den Gästen des Hotels vorbehalten, doch die romantische Treppe ist zum Glück frei zugänglich.

TIPP

Es bietet sich ein Besuch der Igreja Matriz de Estoi an, deren Altäre aus Schiffsplanken gebaut wurden.

- Pousada Palácio de Estoi, Rua de São Jose, 8005-465 Estoi
  www.pousadas.pt/en/hotel/pousada-estoi
- ÖPNV: Bus 61, 65, Haltestelle Estoi (Cemitério), 550 Meter zu Fuß

Sofias Kräuterseife

67

Die Saboaria d'Aldeia in Penina

In einer Gasse des Dörfchens Penina liegt die Saboaria Artesanal. Hier fertigt Sofia Seifen aus Olivenöl und Naturprodukten noch per Hand. Sobald man die Schwelle der Werkstatt überschreitet, umfängt eine ganze Palette bekannter und unbekannter Düfte die Nase. Rosmarin ist schnell erkannt. Auch Lavendel- und Eukalyptusseifen verströmen ihren Duft aus den Regalen. Hübsch verpackt und etikettiert, ruhen hier die bunten Brocken, hergestellt aus Ölen einheimischer Pflanzen, wie der Zistrose, die an der Algarve weite Teile der Landschaft bedeckt. Weniger durch Geruch als durch ihr Aussehen fallen andere Seifen auf: zum Beispiel die Calendula, die mit orangefarbenen Blüten verziert ist, oder eine kohlrabenschwarze Seife, die tatsächlich Kohle enthält. Aktivkohle sei gut gegen Akne, denn sie reinigt die Poren und befreit die Haut von überschüssigen Fetten. Calendula hingegen habe eine beruhigende Wirkung, und Seife aus Heilerde helfe sogar bei Neurodermitis oder Ekzemen, erklärt Sofia.

Die Seifen aus Penina sind nicht nur hübsch anzusehen, sondern haben auch eine therapeutische Wirkung. Als Sofia vor mehr als 10 Jahren mit der Seifenherstellung begann, dachte sie überhaupt nicht daran, ihre Produkte einmal in einer eigenen Werkstatt zu verkaufen. Sie produzierte die Seifen zunächst nur für Freunde und die Familie, destillierte anfangs sogar noch alle Öle selbst. Doch es braucht viel Zeit und Geduld, bis so ein Stückchen Seife fertig ist. Die Kräuter müssen in Öl eingelegt werden, dann wird die Seifenmasse hergestellt und in Form gebracht, und schließlich braucht die fertige Seife noch eine Weile zum Ruhen. Die Nachfrage war bald schon so groß, die Produktion wuchs so schnell und beständig an, dass Sofia den kleinen Laden eröffnete.

Hier liegen nun die fertigen Kunstwerke und warten darauf, liebevoll verpackt zu werden. Neben mit diversen Körnern, Kräutern und bunten Blüten gespickten Seifen gibt es auch festes Shampoo und Produkte zur Linderung von Erkältungsbeschwerden.

- Saboaria d'Aldeia, Rua do Museu 3, 8100-364 Penina
- ÖPNV: Bus 83, Haltestelle Penina (Povo)

Saboaria D'Aldeia
Sabão Artesanal
de Azeite
Calêndula

Ein Dorf als Hotel

68

Neues Leben in der Aldeia da Pedralva

Ein ziemlich ungewöhnliches Hotel liegt in einem kleinen Tal nahe der Costa Vicentina. Die Zahl der Familien, die einst in der Aldeia da Pedralva lebten, war so sehr geschrumpft, dass das Dorf 2006 nur noch neun Einwohner zählte. Wie viele abgelegene kleine Ortschaften, drohte auch die Aldeia da Pedralva eines nicht allzu fernen Tages völlig verlassen zu sein. Doch zum Glück entdeckten António Ferreiera und seine Frau Felipa das Dorf gerade noch rechtzeitig. Um die Aldeia wieder mit neuem Leben zu füllen, schlossen sie sich mit einigen engagierten Freuden zusammen und begannen damit, die ersten der rund 50 leer stehenden Bauernhäuser zu kaufen und behutsam zu restaurieren. Sie achteten bei der Instandsetzung der halb verfallenen Gebäude sehr darauf, den Charakter des Dorfes zu erhalten, denn schließlich wollten sie ja neues Leben in die Aldeia bringen. Mit viel Arbeit und noch mehr Geduld erstrahlten die frisch bemalten rustikalen Bauernhäuschen endlich wieder in den weißen Gassen.

Statt ein langweiliges Hotelzimmer zu mieten, kann man für ein paar Tage oder Wochen in das kleine Dorf ziehen und eine Zeit lang in einem der vielen Häuser leben. Manche der frisch restaurierten Gebäude bestehen aus einem einzigen Zimmer mit Bad und Kochecke, andere haben zwei oder drei Zimmer, einige sogar einen Hof oder eine Terrasse. In dem Ort lassen sich außer den Hotelgästen inzwischen auch immer mehr dauerhafte Einwohner nieder. Mittlerweile sind rund 100 Menschen das ganze Jahr über in der wiederbelebten Aldeia da Pedralva zu Hause.

Das Herz des hübschen Ortes schlägt, wie kann es anders sein, in dem kleinen Restaurant des Hotel-Dorfs. Hier kann man den Tag mit einem leckeren Frühstück beginnen und andere Dorfbewohner kennenlernen. Abends gibt es neben Fleisch- und Fischgerichten diverse vegetarische und vegane Optionen. Statt auf der Terrasse des Restaurants leckere portugiesische Spezialitäten zu kosten, kann man auch romantisch zu zweit in seinem Häuschen kochen.

- Casa da Pedralva, Rua da Baixo, 8650-401 Aldeia da Pedralva, Tel. +3 51 (2 82) 63 93 42, www.aldeiadapedralva.com
- ÖPNV: Bus 22, Haltestelle Pedralva (X), 1,5 Kilometer zu Fuß

Hundeglück im Grand House

69

Goldene Jahre in Vila Real de Santo António

Als Vila Real de Santo António nach dem großen Erdbeben 1755 wieder neu aufgebaut werden musste, lebten die meisten Familien an der Algarve noch vom Fischfang. Auch als zu Beginn des 20. Jahrhunderts das erste luxuriöse Hotel am Ufer des Guadiana errichtet wurde, stach das Gebäude unter den einfachen kleinen Häusern der Umgebung hervor. Geplant war das Hotel für Handelsreisende, die an dieser Stelle die Fähre nahmen, um spanische Städte wie Sevilla oder Madrid zu erreichen. Nach anfänglich großem Erfolg kamen bald schon schwierige Zeiten, und das Hotel musste schließen. Urlauber kamen damals noch nicht an die Algarve.

Erst vor wenigen Jahren konnte das Grand House in glanzvollem Ambiente der 20er-Jahre wiedereröffnet werden. Die neuen Besitzer legten bei der Restaurierung großen Wert darauf, möglichst viel vom alten Charme und der ursprünglichen Bausubstanz zu erhalten. Auf der Empfangstreppe im Eingangsbereich schmücken Kerzenständer und alte Bücher die Stufen. Mit Blick auf die im Hafen schaukelnden Schiffe kann man sich im ersten Stock gut vorstellen, dass hier elegante Damen mit Bubikopf einst ihre Federboas um den Hals schwangen und an der Bar ihre Drinks genossen. Der nagelneue Beach-Club des Hotels, in dem die Gäste in Hängematten unter Palmen schlummern oder eine Runde im Pool schwimmen können, sorgt eher für Karibik-Feeling.

Doch der eigentliche Star des Luxushotels ist die gutmütige Butlerhündin Grand. Wenn sie Neuankömmlinge auf ihre Zimmer begleitet, erobert sie mit ihren schwarzen Locken die Herzen der Gäste im Sturm. Grand ist ein echter Cão de Água Português, ein Portugiesischer Wasserhund. Diese Rasse half früher den Fischern der Algarve auf hoher See beim Fischfang, die schweren Fischernetze zusammenzuziehen und einzuholen. In dem ausgesprochen tierlieben Hotel ereilte die fröhliche Wasserhündin Grand 2021 das Mutterglück. Eine junge Generation Vierbeiner wartet nur darauf, die Gäste des Hotels auch künftig willkommen zu heißen.

- Grand House, Avenida da República 171, 8900-203 Vila Real de Santo António
www.grandhousealgarve.com/de
- ÖPNV: Zug Linha do Algarve, Haltestelle Vila Real de Santo António, 1,2 Kilometer zu Fuß

Ländliche Perlen

70 Mit der Bimmelbahn zum Strand von Tavira

Silberreiher, Seeschwalben und Regenpfeifer sitzen zuhauf in dem niedrigen Wasser und suchen nach Nahrung. Im Winter sind Alpenstrandläufer zu sehen, bei Ebbe laufen die Winkerkrabben, *os caranguejos boca-cava-terra,* über den sandigen Wattboden und winken mit ihren Scheren. Zu Fuß geht es über hölzerne Stege und eine Klappbrücke in Richtung Ilha de Tavira, an deren Stränden die Menschen im Sommer baden. Gut 20 Minuten dauert der etwa 1,5 Kilometer weite Fußmarsch durch die Wattlandschaft. Gleich hinter der Ponte Levadiça, die an dieser Stelle die Lagune überquert, erreicht man einen winzigen Bahnhof. Auf einem Damm, der selbst bei Flut noch begehbar ist, fährt eine elektrische Bahn bis an die Praia do Barril. Ursprünglich war dieser Zug zur Versorgung des kleinen Dorfs auf der Insel gedacht. 80 Familien lebten Mitte des 19. Jahrhunderts in der Siedlung direkt am Strand. Wie viele andere Dörfer der Algarve ernährten sich auch die Menschen auf der Insel lange Zeit vom Thunfischfang. Als sich die mühsame Knochenarbeit irgendwann nicht mehr lohnte, zogen die Fischer mit ihren Familien ans Festland, die leer stehenden alten Häuser wurden zu Restaurants umgebaut. Heute erinnern nur die rostigen Anker im Sand und ein kleines Modell, das die traditionelle Fangmethode der Fischer erklärt, an diese Zeit.

Besonders außerhalb der Sommermonate ist der Trilho do Barril ein beliebter Spazierweg. Die meisten Besucher lassen sich den Streifzug durch die Landschaft nicht nehmen, doch dank der Bahn sind der Strand und die beeindruckende Wattlandschaft auch für ältere und ganz kleine Menschen oder solche, die nicht gut zu Fuß sind, erlebbar. Ein paar Minuten lang geht die ruckelige Fahrt in offenen Sitzbänken durch die Dünenlandschaft. Dann erreicht die Lok die Insel. Dort verteilen sich die Menschen an den langen weißen Sandstränden und genießen den Blick auf das blaue Meer und den lila blühenden Strandflieder, der hier prima gedeiht.

● Comboio da Praia do Barril, Abfahrt zur Ilha de Tavira hinter der Ponte Levadiça do Barril, nahe Pedras d'El Rei, 8800-531 Tavira
www.pedrasdelrei.com

PRAIA DO

Vom Glück des Wassers

71

Eine römische Villa nahe Estoi

Die Ruinen von Milreu sind eine archäologische Ausgrabungsstätte unweit von Estoi. Viele Jahre lang ahnten selbst Archäologen nicht, welche bedeutende Rolle die Städte der Algarve schon in römischer Zeit gespielt hatten. Lange suchten sie nach einer Siedlung namens Ossonoba und vermuteten sie mal hier, mal da. Als in der Nähe von Estoi eines Tages Marmorsäulen auf einem Acker zum Vorschein kamen, nahm man zunächst an, dass sich an dieser Stelle die gesuchte römische Stadt befunden habe. Es war reines Glück, dass Mitte des 20. Jahrhunderts ein deutscher Archäologe in Faro auf die Überreste eines römischen Forums stieß. Dank dieses Fundes konnte bewiesen werden, dass Faro das lang gesuchte Ossonoba sein musste. Damit war gleichzeitig klar, dass es sich bei den Ruinen nahe Estoi entweder um eine andere Siedlung oder um ein bedeutendes landwirtschaftliches Anwesen handeln musste. Die Archäologen gehen heute davon aus, dass Milreu eine große römische Villa, vermutlich der Landsitz eines wohlhabenden Patriziers gewesen sei. Neben den Wohn- und Wirtschaftsgebäuden fand man einen Tempel, eine Ölmühle, eine Weinkelterei, Thermen mit Caldarium, Tepidarium und Frigidarium. Wahrscheinlich empfing der Hausherr adelige Gäste oder Geschäftsfreunde bei einem luxuriösen Bad in der Therme, ehe sie gemeinsam tafelten und sich von den Sklaven leckere Kostbarkeiten servieren ließen. Die zahlreichen Bezüge zum Wasser legen die Vermutung nahe, dass der Tempel einer Wassergottheit geweiht war. Neben der Landwirtschaft gehörten auch damals Fischfang und die Verarbeitung von Fischprodukten, wie dem römischen Garum, sicher schon zu den lukrativsten Geschäften der Algarve.

Auch wenn im Laufe der Jahrhunderte Steine recycelt, Säulen und Mosaike abgebaut und zur Verschönerung privater Häuser genutzt wurden, ist es immer noch beeindruckend, zwischen den alten Mauern zu stehen und die stummen Zeugen der Vergangenheit zu bestaunen.

TIPP

Das Museu Municipal in Faro zeigt viele der hier entdeckten archäologischen Schätze.

- Villa Romana de Milreu, 8005-411 Estoi
- ÖPNV: Bus 65, Haltestelle Estoi (X N2)

Die Landschaft im Kochtopf

72 Ein Cataplana-Kurs in Faro

Vor ein paar Jahren setzte sich in Faro eine Gruppe Freunde zusammen und suchte nach einer Idee, mit der sie einerseits Kultur und Traditionen der Algarve erhalten und andererseits den Besuchern aus aller Welt ihre Lebensart näherbringen könnten. Sie wollten ein Projekt schaffen, das Freude bereitet und Spaß macht. 2006 entstand La Tertúlia. Von außen unterscheidet sich die hübsche Terrasse des Restaurants kaum von denen anderer Gaststätten in der historischen Altstadt. Doch in La Tertúlia kann man die regionalen Köstlichkeiten nicht nur probieren, sondern selbst zubereiten. Statt sich hinzusetzen und zu genießen, was definitiv auch eine angenehme Option ist, lernt man schnippelnd und rührend die traditionelle Küche der Algarve kennen. Wenn das selbst gekochte Mahl anschließend gemeinsam gegessen wird, schmeckt man den Unterschied!

Eines der Gerichte, deren Zubereitung man hier lernen kann, ist die Cataplana. Während man den Fisch in kleine Würfel schneidet und die Garnelen vorbereitet, erklärt die Köchin die Geschichte des traditionellen Muscheleintopfs. Cataplana heißt nämlich nicht nur das Gericht, sondern auch das spezielle Kochgerät, in dem es zubereitet wird. Die Technik des Dampfgarens ist vermutlich in Anlehnung an die maurische Küche entstanden. Anders als die marokkanische Tajine ist die Cataplana nicht aus Keramik, sondern aus Metall. Praktischerweise kann man sie einfach zusammenklappen, sodass sie einerseits als Topf, andererseits als Transportbehälter dient. Es gibt viele Variationen dieses klassischen Gerichts, aber Gemüse, Fisch und Meeresfrüchte gehören immer dazu. Frische Fischbrühe und ein Schluck Weißwein verleihen dem Ganzen einen besonderen Geschmack.

Wenn bald schon leckere Düfte durch die Küche ziehen, hat man sowohl die Region als auch die Früchte ihrer Landschaft besser kennengelernt und vielleicht sogar neue Freunde gefunden. Nach einem Kochkurs nimmt man so viel mehr mit nach Hause als nur das Rezept einer Cataplana.

- Tertúlia Algarvia, Praça Dom Afonso III 15, 8000-167 Faro
  www.tertulia-algarvia.pt
- ÖPNV: Zug Linha do Algarve, Haltestelle Faro, 1,1 Kilometer zu Fuß

Glück auf!

73 Der weiße Schatz von Loulé

Glücklich strahlt Alexandre, wenn er die Geschichte der Entdeckung der Salzmine erzählt, denn erst in den 50er-Jahren stieß man durch puren Zufall auf ein riesiges Vorkommen dieses Minerals unterhalb von Loulé. Auf der Suche nach neuen Weideflächen ließen die Bauern die Böden in der Umgebung von Loulé auf unterirdische Quellen untersuchen. Für die Viehzucht brauchten sie Wasser. Um Dürreperioden vorbeugen zu können, wollten sie Wasservorräte in der Tiefe aufspüren und Brunnen bauen. Doch das Wasser, das man unterhalb von Loulé fand, war salzhaltig.

Nach der Entdeckung der Salzvorkommen begannen schon bald spezialisierte Fachkräfte mit dem Abbau des Minerals. Als in den 70er-Jahren das Geschäft mit dem Salz nicht mehr rentabel war, legte man die Mine mehr oder weniger still. Heute wird nur noch in einem kleinen Teil der Anlage Salz gewonnen. Für die Besucher ist das ein Glück, denn seit ein paar Jahren können Neugierige in den alten Tunneln unterhalb der Stadt durch die Welt der Salzkristalle spazieren. Die rund 2 Stunden dauernde Führung findet in 230 Metern Tiefe unter die Erde statt. Viermal am Tag führen die Touren auf einem ausgebauten Teil des insgesamt 40 Kilometer umfassenden Wegenetzes durch Tunnel und Gänge, bevor es wieder hinauf an die Erdoberfläche geht. Dabei erfährt man nicht nur, wie das Salz abgebaut wird, sondern kann auch einen Blick in die Vergangenheit werfen. Vor 230 Millionen Jahren befand sich an dieser Stelle ein Meer. Alexandre berichtet stolz von Muscheln und Fischen, die hier einst lebten. Anhand der geologischen Formationen zeigt er, dass die Steine ihre eigene Geschichte erzählen. Man muss nur genau hinsehen.

Die Besuche der einzigen Salzmine Portugals sind aber nicht nur spannend, sondern auch gesund. Durch den hohen Mineralgehalt ist die Luft dort unten besonders trocken und sauber. Ein mehrstündiger Aufenthalt in der Mine hat für Menschen, die unter Asthma oder einer anderen Lungenkrankheit leiden, eine wohltuende Wirkung.

- Mina do Sal-Gema de Loulé, Rua dos Combatentes da Grande Guerra 80, 8100-616 Loulé, www.techsalt.pt
- ÖPNV: Bus Linha Azul, Haltestelle Mina do Sal

Eine goldene Kirche

74

Lagos Stadtgeschichte als Museum

Den Grundstock des Museums legte die Sammlung eines passionierten Hobbyarchäologen. Außer prähistorischen Fundstücken sammelte Dr. Formosinho auch die unterschiedlichsten Alltagsgegenstände, Werkzeuge, Geschirr und einige heute bizarr anmutende Kuriositäten. Die Einwohner von Lagos brachten ihm alles, was er hätte interessant finden können oder wovon sie dachten, es sollte der Nachwelt erhalten bleiben. 1930 gründete Dr. Formosinho schließlich das nach ihm benannte Museum, das diese inzwischen umfangreiche Sammlung bis heute beherbergt. 2021 wurde das Museum mit einer neu gegliederten Ausstellung wiedereröffnet. Jetzt zeigen insgesamt elf Säle die Geschichte der Stadt ab 1460, dem Todesjahr Heinrich des Seefahrers. Alle Artefakte aus der Zeit davor sollen in einem neuen, noch in Planung befindlichen Museum zu sehen sein.

Mit viel Platz und neu sortiert, bieten die Säle den Besuchern nun wieder Einblick in die Vergangenheit der Stadt. Da gibt es liturgische Gegenstände, Gemälde, traditionelle Werkzeuge, aber auch Kirchenglocken, afrikanische Kunstwerke und nach wie vor die gesammelten Kuriositäten des Dr. Formosinho. Neu sind Schautafeln und Videos, die den geschichtlichen Zusammenhang wichtiger Ereignisse anschaulich erklären. Besonders schön sind die geflochtenen Körbe, Hüte und Matten aus Espartogras und andere traditionelle Handwerksprodukte der Algarve, die in Form einer auf dem Kopf stehenden Pyramide präsentiert werden. Das Highlight des Museums ist jedoch die Igreja do Santo António. Nach der Renovierung erstrahlen die mit Gold geschmückten Wände der barocken Kirche in neuem Licht. Unter den vergoldeten Holzschnitzereien kommen auch die weißen und blauen Fliesen wieder zur Geltung, die die Wunder des heiligen Antonius zeigen. Ungewöhnlich sind die in den Holzschnitzereien versteckten Alltagsszenen, die von der Wertschätzung des Künstlers für die Arbeit der einfachen Menschen zeugen, wie der Fischer, die Wasserträgerin oder der Mann, der gerade ein Schwein schlachtet.

● Museu de Lagos Dr. José Formosinho, Rua General Alberto da Silveira 1, 8600-594 Lagos, Tel. +3 51 (2 82) 76 23 01
https://museu.cm-lagos.pt
● ÖPNV: diverse Buslinien, Haltestelle Praça do Infante

Eine Lagune voller Glück

75 Von Olhão durch die Ria Formosa

Besser, man macht sich bei Ebbe auf den Weg zu den Inseln der Ria Formosa, denn bei Flut befindet sich diese beeindruckende Landschaft 3 Meter unter Wasser. Die Inselkette der Ria erstreckt sich von Faro bis Tavira und umfasst die Ilha da Barreta, Ilha da Culatra, Ilha da Armona, Ilha de Tavira, Ilha de Cabanas sowie die Halbinseln vor Faro und Cacela Velha. Ihr heutiges Aussehen verdankt die einzigartige Naturlandschaft der Lagune dem Erdbeben von 1755, das nicht nur Lissabon in Schutt und Asche legte, sondern auch die Küste der Algarve auf einschneidende Weise veränderte.

Vom Hafen in Olhão startend, suchen sich die Bootsführer geschickt einen Weg zwischen den Sandbänken. Sie wissen genau, wo bei Niedrigwasser die Fahrrinne verläuft. Wenn die Flut kommt und alles überschwemmt, ist nur noch Wasser zu sehen. Erst wenn sich das Meer für ein paar Stunden zurückzieht, kommen die Sandbänke wieder zum Vorschein. Im morgendlichen Sonnenschein glitzern sie nackt und bloß, als hätte man ihnen die wärmende Decke weggezogen. Der Anblick der Inseln, die wie eine feine Linie im endlos scheinenden Blau zwischen Himmel und Meer auftauchen, verursacht ein glückliches Kribbeln im Bauch.

Bald schon kommen auf den Sandbänken die ersten Muschelsammler in Sicht. In der Ria Formosa sind sie professionell unterwegs und verdienen ihren Lebensunterhalt mit den Schalentierchen. Damit es keinen Streit gibt, werden Parzellen und Sandbänke mit zahlreichen langen Stöcken und Bojen markiert. Amêijoas, feine Venusmuscheln, sind ein typischer Bestandteil der portugiesischen Küche. Nicht nur an der Algarve, sondern im ganzen Land gilt die Venusmuschel aus der Ria Formosa, die Amêijoa da Ria, als besonders köstlich. Das liegt zum einen daran, dass wegen der Gezeiten ein ständiger Wasseraustausch stattfindet, und zum anderen daran, dass die Muscheln nicht den tosenden Wellen des Meeres ausgesetzt sind wie an der Westküste der Algarve. Die Ruhe der Ria macht sich auch im Geschmack bemerkbar.

- Porto Recreio de Olhão, Avenida 5 de Outubro, 8700-304 Olhão
  www.passeios-ria-formosa.com (Bootstouren Ria Formosa)
- ÖPNV: Zug Linha do Algarve, Haltestelle Olhão, 1,4 Kilometer zu Fuß

Wasser ist Leben

76 Eine grüne Oase in Loulé

Wasser ist Leben und eine unserer wichtigsten Ressourcen. Wasser ist ein Schatz, den wir hüten müssen. Deswegen können sich die Regionen, in denen das Leben spendende Nass in natürlichen Quellen aus dem Boden sprudelt, wahrhaft glücklich schätzen. Loulé ist so ein Ort. Unter der Erde sammelt sich das kostbare Gut, um dann an bestimmten Stellen wieder an die Erdoberfläche zu treten. Leider führen heutzutage einige der bekannten Quellen an der Algarve in besonders trockenen Sommern kaum noch oder gar kein Wasser mehr.

Doch selbst wenn das Wasser aus den beliebten Quellen an den großen Wanderwegen, wie der Fonte Férrea oder der Fonte Benémola, nicht mehr sprudelt, gibt es mitten in Loulé noch eine verborgene Stelle, in der es aus dem Boden fließt. Verzaubert wild, ein wenig vergessen und verträumt liegt die Fonte do Cadoiço in einer ruhigen Ecke der Stadt versteckt. Hier grünt und plätschert es das ganze Jahr über. Ein kleiner Wasserfall speist das Becken, in dem sich das kühle Nass sammelt. Zum Glück gibt es in Loulé noch reichlich Wasser. Gespeist wird diese Oase aus einem Bächlein in den Bergen. Unterirdisch kämpft es sich seinen Weg durch die Stadt bis zu diesem fruchtbaren kleinen Platz. Von hier aus fließt das Wasser weiter, bis es sich mit der Ribeira do Carcavai vereint und in südliche Richtung auf den Atlantik zubewegt. Von der Quelle bis zur Mündung legt ein Wassertropfen 19 Kilometer zurück, ehe er bei Vale de Lobos in einem kleinen Fluss ins Meer fließt.

TIPP
Ein schöner Wanderweg führt von Loulé aus zur Fonte Benémola.

Es ist nicht lange her, da verbrachten die Männer und Frauen von Loulé ihre freien Tage an der Fonte do Cadoiço. Als man weder Geld noch Zeit hatte, in den Urlaub zu fahren, waren die Menschen in diesem Paradies direkt vor der Haustür glücklich. Hier trafen sie sich zum gemeinsamen Picknick, spielten oder planschten in dem klaren Wasser. Um richtig zu schwimmen, ist das Becken zu klein, doch um sich bei sommerlicher Hitze mit einem Bad zu erfrischen, war diese Oase genau richtig.

- Fonte do Cadoiço, 8100-502 Loulé
- ÖPNV: Bus Linha Azul, Haltestelle Cadoiço

Die bunte República

77 Olhãos Kulturzentrum für Groß und Klein

Der Gesang ganz in Weiß gekleideter Menschen klingt aus dem alten Gebäude im Herzen Olhãos bis auf die Straße. Rhythmisch ertönen die Birimbao. In einem großen Kreis stehen Männer, Frauen und Kinder. Sie singen und klatschen, während sich die Kleinsten in ihrer Mitte soeben an den ersten Capoeiraschritten üben. Lächelnd tanzt der Mestre mit einem 5-jährigen Jungen, dann reiht er sich wieder in den Kreis ein und ein Mädchen übernimmt seinen Platz. Eine wunderbar friedliche Stimmung herrscht in diesem bunten Kulturzentrum, in dem Jung und Alt, Groß und Klein gemeinsam Musik, Tanz und Kunst erleben. Außer Capoeira finden Yoga- und Pilateskurse statt, in der Bibliothek kann man Bücher ausleihen oder wechselnde Ausstellungen bewundern.

Im 19. Jahrhundert wurde das hübsche alte Gebäude von den Condes d'Alte, den Grafen von Alte, einer Stadt im Hinterland der Algarve, errichtet. Eine Zeit lang diente das geräumige Haus der wohlhabenden Bevölkerung als kultureller Treffpunkt. Geistliche, Politiker und Persönlichkeiten der Stadt trafen sich zum elitären Stelldichein. Doch inzwischen ist die Re-Criativa República zu einem Ort der Begegnung geworden. Alteingesessene treffen sich mit neu zugezogenen Einwohnern. Fado-Abende werden genauso organisiert wie Kinovorführungen auf dem Hinterhof und Portugiesischkurse für ausländische Mitbürger. Die Bandbreite der Veranstaltungen umfasst Konzerte, Kunst und Sport. Jeden Mittwoch finden Biomärkte statt, auf denen lokale Anbieter ihre Produkte verkaufen, und jeden letzten Sonntag des Monats gibt es Secondhandmärkte und einen Flohmarkt, auf denen gebrauchte Gegenstände und alte Kleider neue Besitzer finden. Man kann aber auch einfach nur im Ficus Café Concerto, der kleinen Caféteria des Kulturzentrums, sitzen und köstliche Leckereien vom üppigen Frühstück bis hin zu traditionellen Petiscos bestellen. Oder man kann diesen Ort einfach als einen friedlichen Raum der Begegnung genießen. So ein Kulturzentrum sollte jede Stadt haben.

- Associação Cultural Re-Criativa República 14, Avenida da República 14, 8700-310 Olhão, www.re-criativarepublica14.pt
- ÖPNV: Zug Linha do Algarve, Haltestelle Olhão

HELENA MADEIRA
AL MOURARIA
13 NOV 2021 | 19h & 21h30
AL MARAFADO ENSEMBLE
CANÇÕES INTEMPORAIS
19 NOV 2021 | 19h & 21h30
NANOOK
5 NOV 2021 | 19h & 21h30
BELLA ACAPPELLA
6 NOVEMBRO 2021
18h
NOVEMBRO
A REPÚBLICA 14 FAZ 4 ANOS!
9 OUTUBRO 2021
A REPÚBLICA 14 FAZ 4 ANOS!
9 OUTUBRO 2021
USO de MÁSCARA OBRIGATÓRIO porque temos MAIS de 400 m2
Café

Der Pfad der Fischer

78 Praia do Amado – nicht nur für Surfer

Das Meer rauscht laut, frischer Wind braust einem um die Ohren. In der Ferne verbergen sich die Klippen in einem feinen Nebel aus sprühender Gischt. Die Praia Amado ist einer der windigsten Strände der Costa Vicentina und daher bei Surfern besonders beliebt. Schon früh am Morgen stehen sie auf den Felsen oberhalb der Bucht und blicken aufs Meer hinaus. Egal ob Sommer oder Winter, selbst im Dezember trifft man die tapferen Wellenreiter, die hier sehnsuchtsvoll in die Ferne schauen, immer auf der Suche nach der passenden Welle.

Doch Surfer sind nicht die Einzigen, die den Zauber dieser Landschaft genießen. Immer mehr Wanderer entdecken den Fishermen's Trail, den Fernwanderweg, der an der Costa Vicentina entlangführt. Wer nicht gleich mehrere Tage unterwegs sein möchte, kann auch eine einfachere Rundwanderung machen. Das hat den Vorteil, dass man nur ein paar Stunden mit leichtem Gepäck unterwegs ist und weniger organisieren muss. Der 8 Kilometer lange Rundweg, der an der Praia do Amado startet und endet, gehört zum Wegenetz der Rota Vicentina, einem Verein, der sich um die Instandhaltung der Markierungen entlang der Wanderstrecke kümmert. Das ganze Jahr über werden die Wege von Gestrüpp oder herumliegendem Müll befreit. Der Rundweg beginnt oberhalb des Surferstrands und verläuft zunächst parallel zum Fishermen's Trail. An einem kleinen Hügel trennen sich die gelb-roten Markierungen dann von den grün-blauen Streifen der Fernwanderstrecke. Jetzt geht es landeinwärts und bergauf. Doch der Abschied von der Küste fällt nicht schwer, denn der Blick auf die hügelige Landschaft, die sich im Hinterland erstreckt, ist atemberaubend schön. Von der tief stehenden Morgensonne angestrahlt, leuchten die grünen Hügel sanft im diesigen Nebelschleier. Über karge Wiesen und durch dicht bewachsenes Buschwerk führt der Weg bergab und bergauf, ehe man mit rosigen Wangen und vor Glück strahlend schon wieder den Strand erreicht, an dem der Wind pfeift und die Wellen ans Ufer peitschen.

● Praia do Amado, 8670-230 Aljezur
www.rotavicentina.com

Geheimnisvolle Sonnenuhr

79 Sagres, auf den Spuren der Weltentdecker

Obwohl Heinrich der Seefahrer als Königssohn geboren wurde, trug er nie selbst die Königskrone. Als Herzog von Viseu läutete er das glorreiche Zeitalter der portugiesischen Seefahrt ein, indem er abenteuerliche Entdeckungsfahrten organisierte und finanzierte. Er stattete die Schiffe für ihre Reise auf unbekannte, ferne Ozeane aus und unterstützte mutige portugiesische Seefahrer. Heinrich war nicht nur Schirmherr und Organisator zahlreicher Entdeckungsreisen, er sorgte auch für eine hervorragende Ausbildung der Zimmerleute und Kapitäne. Sogar die Erfindung der Karavellen, ohne die die Fahrten zu unbekannten Ufern gar nicht möglich gewesen wären, geht vermutlich auf ihn zurück.

Auch wenn die legendäre Seefahrerschule, die sich einst in der Festung von Sagres befunden haben soll, wohl eher ins Reich der Dichtung gehört, ist es eine schöne Geschichte, die die Menschen bis heute über diese Burg erzählen. Der Legende nach sollen die besten Astronomen, Navigatoren und Mathematiker, die angesehensten Gelehrten des Mittelalters, hier die Seeleute ausgebildet haben, die von den Ufern der Algarve aus die Meere der Welt beherrschten. Geheimnisvoll ist bis heute der riesige, exakt gezogene Kreis, der sich mit 43 Metern Durchmesser auf dem Boden im Inneren der Festung erstreckt. Ob es sich dabei um eine Windrose oder eine Sonnenuhr handelt, ist nicht bekannt. Als der imposante Steinkreis zu Beginn des letzten Jahrhunderts wiederentdeckt wurde, gab er den Spekulationen um Heinrichs Seefahrerschule, die es in Sagres einst gegeben haben soll, neuen Aufschub. Man kann sich umherwandelnde Gelehrte mit mittelalterlichen Seekarten, Sextanten und kleinen Fernrohren unter dem Arm gut vorstellen. Doch wenn es je eine solche Ausbildungsstätte gab, befand sie sich vermutlich eher in Lissabon oder in Porto und nicht in Sagres. Dass die Legende sich dennoch bis heute gehalten hat, zeigt, wie stolz die Menschen hier auf ihre Geschichte und das Erbe der abenteuerlichen Seefahrer sind.

TIPP

In Lagos gibt es ein spannendes Museum für kleine und große Entdecker, das Centro Ciência Viva!

- Fortaleza de Sagres, 8650-360 Sagres
- ÖPNV: Bus 47, Haltestelle Sagres (Posto Turismo), 1,5 Kilometer zu Fuß

Das Spiel mit dem Wind

80 Die alte Windmühle von Odeceixe

Wie eine dicke, weiße Kerze thront die alte Windmühle über dem kleinen Dorf Odeceixe. Die Gemeinde, die sich von hier bis an die Strände erstreckt, kann sich eine lange Geschichte vor Augen führen, die bis in die Zeit der maurischen Herrscher zurückreicht. Mit den Eroberern aus dem Süden gelangte auch die Technik der Windmühlen in diese entlegenen Winkel der Iberischen Halbinsel.
Im frühen Mittelalter war ein solches Verfahren der Energiegewinnung neu und bahnbrechend. Dank der Kraft des Windes konnte man in kurzer Zeit viele Säcke Getreide mahlen. Die neuen Mühlen verrichteten die schwere Arbeit und erleichterten den Menschen das Leben. Sie ersparten Zeit und Kraft. Im Gegensatz zu englischen oder niederländischen Windmühlen waren diese mediterranen Bauwerke kleiner als ihre nordeuropäischen Verwandten, und sie waren nicht beweglich. Die Flügel der in Spanien und Portugal vorherrschenden Moinhos waren fest an einem runden Turmhaus aus Stein angebracht. Die Müller lebten meist recht einsam in ihren Arbeitsstätten. Dabei waren sie vielseitig begabt. Sie kannten sich mit Wind und Wetter aus, mussten in der Lage sein, ihre Mühle zu reparieren, wenn etwas zu Bruch ging, und sie mussten gut verhandeln können. Mit der Erfindung der Dampfmaschine und dem Anbruch der industriellen Revolution wurde die Windmühlentechnik jedoch bald überflüssig. Im Laufe der Zeit verschwanden sie nach und nach aus der Landschaft. Doch zum Glück haben sich an der Algarve noch ein paar Exemplare, wie die Moinho de Odeceixe, gehalten. Um an die bedeutende Rolle zu erinnern, die diese Mühlen im Leben der Menschen hier spielten, hat man in Odeceixe ein kleines Museum eingerichtet, das die Arbeit des Müllers erklärt.
Nach dem Besuch der Mühle lohnt es sich, die ziemlich steilen engen Straßen hinabzubummeln. Vorbei an weißen Häusern geht es bis zu dem zentralen Platz des Dorfes, wo man gemütlich einen Kaffee oder Wein trinken kann. Denn noch geht es in Odeceixe untouristisch und ruhig zu.

- Moinho de Odeceixe, Rua dos Moinhos 14, 8670-320 Odeceixe
- ÖPNV: Bus 79, Haltestelle Odeceixe (Casa do Rio), 700 Meter zu Fuß

Bibliografische Informationen der Deutschen Nationalbibliothek
Die Deutsche Nationalbibliothek verzeichnet diese Publikation in der Deutschen Nationalbibliografie; detaillierte bibliografische Daten sind im Internet über http://dnb.d-nb.de abrufbar.

Konzeption/Satz: Droste Verlag, Düsseldorf
Einbandgestaltung und Illustrationen: Britta Rungwerth, Düsseldorf, unter Verwendung von Bildern von © Fotolia.com: jd – photodesign.de; © iStock: Plociennik Robert
Fotos: Nicole Biarnés, außer: Tech salt: S. 153
Textlektorat: Antje Kluth, Düsseldorf

FSC
www.fsc.org
MIX
Papier aus verantwortungsvollen Quellen
FSC® C011279

Druck und Bindung: LUC GmbH, Greven
ISBN 978-3-7700-2277-9

www.droste-verlag.de